系统治水 看江淮

XITONG ZHI SHUI
KAN JIANG HUAI

（江苏水利 2017—2022）

江苏省水利厅编写组 ◎ 编著

河海大学出版社
·南京·

图书在版编目(CIP)数据

系统治水看江淮：江苏水利 2017—2022 / 江苏省水利厅编写组编著. -- 南京：河海大学出版社，2024.8.
ISBN 978-7-5630-9258-1

Ⅰ. F426.9

中国国家版本馆 CIP 数据核字第 2024GT0684 号

书　　名	系统治水看江淮（江苏水利 2017—2022）
	XITONG ZHISHUI KAN JIANGHUAI（JIANGSU SHUILI 2017—2022）
书　　号	ISBN 978-7-5630-9258-1
责任编辑	彭志诚
特约编辑	孙海群
特约校对	曹　阳
装帧设计	徐娟娟
出版发行	河海大学出版社
地　　址	南京市西康路 1 号（邮编：210098）
电　　话	（025）83737852（总编室）
	（025）83722833（营销部）
经　　销	江苏省新华发行集团有限公司
印　　刷	南京凯德印刷有限公司
开　　本	718 毫米×1000 毫米　1/16
印　　张	10.25
字　　数	124 千字
版　　次	2024 年 8 月第 1 版
印　　次	2024 年 8 月第 1 次印刷
定　　价	69.00 元

目录 Contents

第一章　溯流北上千里送清波

建设枢纽
　　——扛起江苏的源头担当 …………………………… 002

量质并重
　　——确保一江清水永续北送 …………………………… 007

精细管理
　　——科学守护生命线工程 …………………………… 013

第二章　勾勒水润江苏新图景

破解治水难题,复苏大江大河大湖生态 …………………………… 020

护好"盆"里的水,管好盛水的"盆" …………………………… 025

共治共享,擦亮生态河湖"绿色"本底 …………………………… 032

第三章　打赢防汛抗旱硬仗

大旱缘何无大灾？
——抗击苏北地区严重旱情 ·················· 040

有大洪无大险，金钥匙在哪里？
——成功防御长江超历史大洪水 ·················· 046

风雨中，为百姓构筑安心港湾
——打好"烟花"台风保卫战 ·················· 052

第四章　开篇现代水网华章

谋远施策，水系互通构建现代水网 ·················· 062

源出太湖，吴淞江一路奔逸东流 ·················· 068

一泓碧水映长空，千里淮河通大海 ·················· 072

第五章　城乡百姓共饮一江水

打造"一张网"，城乡同饮"舒心水" ·················· 080

取水井全封，优质水惠民助振兴 ·················· 085

小水厂全关，活水润泽千家万户 ·················· 090

第六章　现代灌区助粮食丰收

汩汩活水灌溉乡村振兴良田 …………………………… 098

古老灌区注入现代技术灵魂 …………………………… 103

建管并重打造节水高效灌区 …………………………… 108

第七章　走出丰水地区节水新路子

科学配水，江苏特殊水情下的应对良策 ……………… 118

高效节水，丰水地区也要扛起节水担当 ……………… 122

严格管水，着力打造水资源管理示范高地 …………… 125

悉心护水，擦亮万河千湖的水韵底色 ………………… 133

第八章　幸福河湖长治久清

从全面建立到全面见效 ………………………………… 140

跨界治水，唤回一泓碧波 ……………………………… 147

全员参与，人人都是河湖长 …………………………… 151

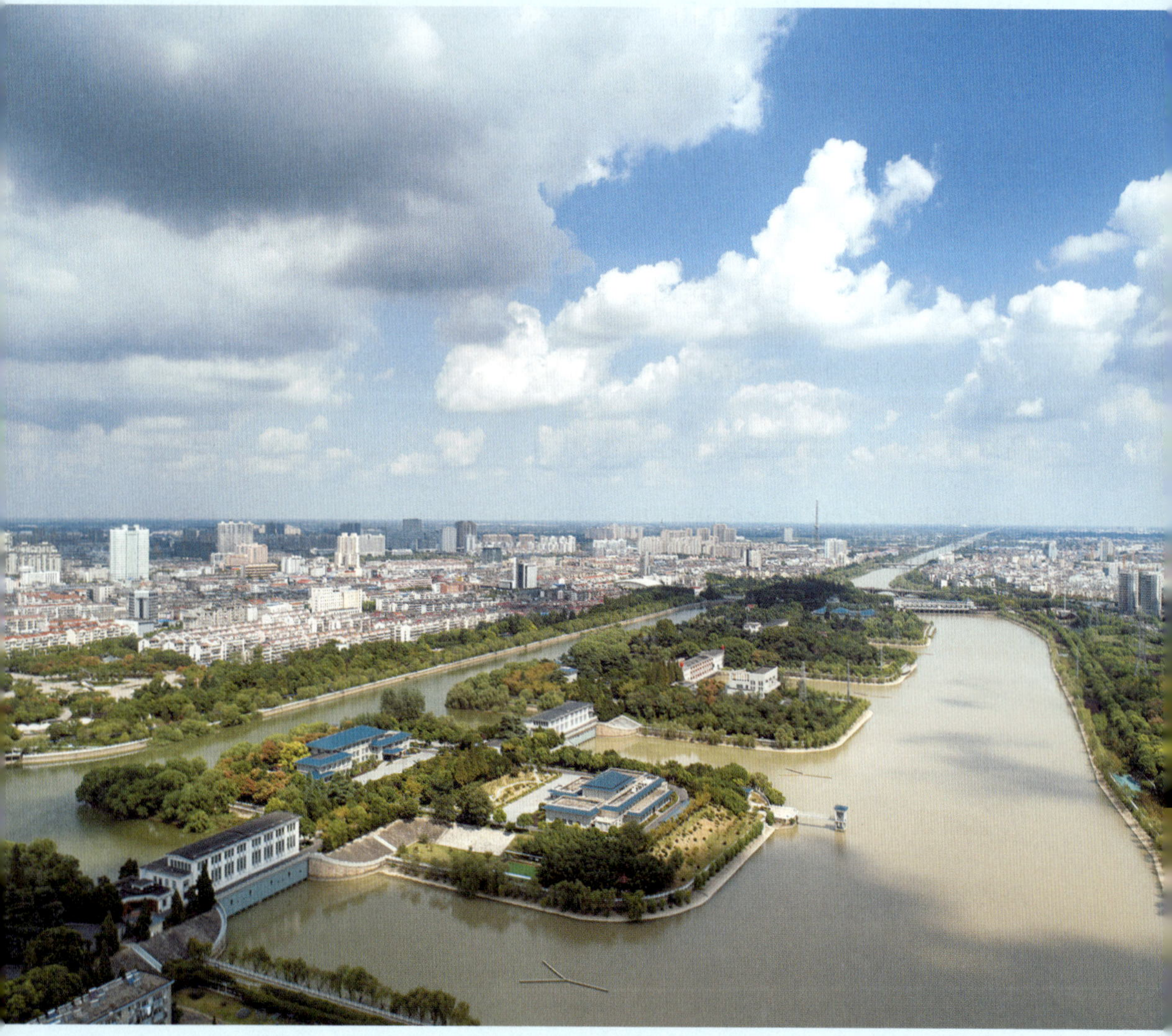

第一章
溯流北上千里送清波

"会期滔滔江水,逾黄淮而穿泰岱,济海河直达京津,泽润齐鲁,碧染幽燕,其膏民济世之功,可与日月同辉也。"这是在南水北调工程东线源头江都水利枢纽,矗立的源头石碑上描绘的千里调水的盛世图景。

这里是三水交汇的绝佳之地,是南水北调东线工程的起点。一泓碧水从这里出发,长途跋涉1467千米,被逐级提引至苏北、山东等地。千万人的生活因此改变,几十座大中城市的经济发展格局得到优化。这条纵贯中国大地的"生命线",扮靓了新时代的中国,滋养着华夏儿女生生不息。

2020年11月13日下午,习近平总书记来到江都水利枢纽,了解南水北调东线工程和枢纽建设运行等情况,充分肯定了南水北调东线工程的建设和运行成就,明确了其长远的发展方向。

牢记嘱托,勇毅前行。江苏对表对标习近平总书记的重要指示,全力维护南水北调工程安全、供水安全、水质安全,切实扛起南水北调事业发展的江苏使命、源头担当。

建设枢纽

——扛起江苏的源头担当

走进江都水利枢纽,可看到4座抽水站连接起5座小岛,静谧的水面令人心旷神怡。这一我国规模最大的电力排灌工程、亚洲最大的泵站枢纽,让南水北调东线起点动力澎湃。

浩浩长江水从这里开始,奔腾北上,从根本上解决了苏北乃至华北地区的缺水问题,成为受水地区不可或缺的水源。

"江都站是新中国成立后,我们自主规划、自主设计、自主制造、自主施工的大型泵站群。当时,工程集中了全国的规划、设计、科研专家联合攻关,获得了国家优质工程金质奖。"省水利厅厅长陈杰在介绍江都水利枢纽的光辉往事时说。

"江水北调奠基石,南水北调开新篇。"江都第四抽水站厂房悬挂的这幅标语,讲述了江都水利枢纽工程的建设及加固改造历程。

新中国成立之初,在淮河流域洪水治理刚刚取得成效不久,为解决苏北地区周期性、季节性的干旱缺水问题,江苏提出"扎根长江、运河为纲、江水北调、搞活苏北"的构想,于1961年开始,自主规划、自主设计、自主施工、自主安装,历经40多年的艰苦奋斗,建成了江水北调工程体系,基本解决了苏北供水需求。

2002年12月27日,南水北调工程建设拉开序幕。南水北调东线一期工程,在江水北调工程基础上扩大规模、向北延伸,一方面将滔滔长江水调往更加缺水的北方地区；另一方面也补强完善了江水北调工程体系，使其具备多年平均向省内增加供水近20亿立方米的工程能力，大大提高了干旱年份农业灌溉高峰期的供水保证率。

江都水利枢纽工程

南水北调东线一期江苏境内工程由调水工程和治污工程两部分组成。调水工程共40个设计单元工程，主要是依托江水北调已形成的9个梯级，通过新建和改建18座泵站、新挖和拓浚约100千米河道，完善运河线和运西线双线调水北送格局；治污工程主要是为保障输水水质，由江苏自筹资金分两轮建设。

在枢纽内的江苏南水北调展示馆，1∶75000的工程沙盘，清晰地展现出南水北调东线工程的整个输水脉络。耀眼的星空灯下，东线工程蜿蜒磅礴、连亘数省，广袤江淮大地上，清水一路北上。正是在这里，习近平总书记听取了陈杰对南水北调东线工程建设运行情况的汇报。

在南水北调工程规划图前，习近平总书记驻足观看。图的北方,北京、天津、保定、雄安新区等北方地区正期待着来自南方的浩浩长江水。

遥想工程建设历程,江苏妥善安置了2万多名搬迁群众的生产生活,数10万名建设者十多年日夜攻坚,保障工程按设计工期如期完建,全部40个设计单元工程提前通过竣工验收。江苏依法依规做好招标投标与合同管理;各单项工程投资均控制在批复概算范围内,实现"工程安全、资金安全和干部安全";严把工程质量和安全关口,单位工程优良率超过80%,有10项工程获水利建设领域最高奖项"大禹奖",并取得了一批国际领先、国内一流的科研成果。

如今,江水北调的"升级版"——南水北调工程体系,已成为世界上最大的网络化泵站集群。展厅"南水北调工程功在当代利在千秋"的标语下,工程体系剖面图展示了从0.7米高程的江都水利枢纽,经过9级台阶提升30米,送水逾400千米进入山东的"足迹"。

一江清水,跨上一级级台阶北上,南水北调东线江苏段的建设管理,也逐年迈上新台阶。自2013年通水10年来,江苏牢牢扛起为全国发展大局作贡献的责任,统筹配置境内江、淮、沂沭泗等多种水源和区域雨洪资源,科学优化实行洪旱错峰调度,克服省内农业灌溉高峰期供水保障巨大压力,竭尽全力保证南水北调东线工程向省外调水的水源丰沛稳定。

2022年11月13日10时,随着一声令下,江都站、宝应站等10座南水北调新建泵站及沿线江水北调工程陆续投入运行,新年度向省外调水工作正式启动,一江清水开启新的征程。

此次全线调水恰逢南水北调东线一期工程第10年,本年度计划调出省的水量为12.63亿立方米,为工程通水以来最多的一次,也是历年时间最长的一次。这次调水过程正值省内罕见的多季节连续气象干旱，淮河上游来水锐减，长江持续枯水，省内抗旱供水运行与南水北调向省外调水运行相重合，更加凸显江苏南水北调工程调度运用的重要性。

习近平总书记在视察江都水利枢纽时指出，党和国家实施南水北调工程建设，就是要对水资源进行科学调剂，促进南北方均衡发展、可持续发展。要继续推动南水北调东线工程建设，完善规划和建设方案，确保南水北调东线工程成为优化水资源配置、保障群众饮水安全、复苏河湖生态环境、畅通南北经济循环的生命线。

2021年5月14日，习近平总书记在河南主持召开推进南水北调后续工程高质量发展座谈会，对南水北调等工程作出重要部署。

"我对这件事一直十分重视。南水北调工程事关战略全局、事关长远发展、事关人民福祉。"仅相隔半年时间，习近平总书记再次对南水北调作出重要指示批示，为这一世纪工程下一步的建设发展指向定调。

进入新发展阶段，贯彻新发展理念，构建新发展格局，形成全国统一大市场和畅通的国内大循环，促进南北方协调发展，更加需要水资源的有力支撑，更加需要加快构建国家水网主骨架和大动脉。

对于江苏来说，南水北调东线二期工程如何推进？线路怎么走？如何高质量做好后续工程建设？这关乎国家水网的构建，关乎江苏经济社会发展，更关乎我国南北方协调发展战略布局。

江苏水利系统对标服务"强富美高"新江苏建设、保障南水北调东线工程战略目标实现，认真研究梳理、抓紧筹划推进南水北调高质量发展各项工作。

"习近平总书记高度评价南水北调工程,我们无比振奋。作为东线源头省份,我们将牢记习近平总书记的嘱托,管理好、运行好一期工程,规划好、建设好二期工程,为国家战略目标的实现作出贡献。"陈杰说。

量质并重
——确保一江清水永续北送

济南再现百泉争涌景观,聊城重整江北水城风姿,青岛上合组织峰会水幕炫彩……9年间,江苏通过南水北调工程,累计向山东、河北、天津调水56亿立方米,相当于将6个骆马湖搬运到北方地区,千万群众受益。

千里调水,成败在水质;水质好坏,关键看源头。

对于江苏来说,保障一江清水北送的最大难题是治污。南水北调江苏段在东线治污总体规划基础上,编制并实施了《南水北调东线工程江苏段控制单元治污实施方案》,沿线数千家工厂有的关停、有的转型,这些举措不仅保障了供水水质,更助力产业升级。

早在南水北调东线一期工程建设中,江苏就同步实施治污工程,投资133亿元,通过"政府主导、部门协作、社会参与",分两轮实施城镇污水处理、雨污管网建设、农业面源污染治理、尾水资源化利用和导流等共计305个治污项目,调水沿线主要污染物排放总量削减达80%以上。

全面完成596个长江岸线清理整治项目,关停沿江化工企业3100多家,长江自然岸线比例提高到73.2%;划定源头保护区,有力保证调水源头水质保持在Ⅱ类水平;全面加强港口、船闸和水上服务区环境整治,打造绿色现代航运示范区,营运货船实现生活污

江都水利枢纽工程——第三抽水站

水"零排放"、污染物应收尽收……从 2003 年到 2013 年，江苏十年破局，全部完成东线治污规划确定的目标，调水期间各考核断面水质稳定达到Ⅲ类水标准。

自 2013 年以来，江苏再举十年之力，实行更严格的污染排放标准，全面加强沿线地区水环境治理基础设施建设，强化产业生态化集聚改造，推行工业园区和开发区循环用水，因地制宜推进城镇

污水处理厂尾水生态净化；全面开展工业、生活、农业等污染源治理和沿线入河排污口排查整治,突出调水源头区环境保护和生态修复；推进水系连通、退圩还湖、生态清淤、滨河滨湖生态缓冲带建设,确定沿线主要河湖生态流量、水位,优化水工程运行,恢复河湖生态净化能力和水源涵养功能。

水文部门在"输水廊道"9大关联河道设置了14个监测站点,按照《水环境监测规范》(SLZ19—2013),常年对水温、pH值(氢离子浓度指数)、溶解氧、高锰酸盐指数等22项水质指标进行跟踪监测。作为源头城市,扬州市先后投入200多亿元,建立完善调水区水源地保护、输水干线沿线水污染防治、水质监测长效机制,挖掘放大水生态的综合功能和内生价值,积极推进沿江产业结构布局优化和产业转型升级,有力促进了东线水源区水质的持续改善和区域生态环境的优化提升,走出了一条以水定城、以水定业、绿色赋能的高质量发展新路子。

水污染治理好了,水质改善了,生态环境逐步复苏,人民生活越来越幸福。徐州实现了从"半城煤灰一城土"到"一城青山半城湖"的华丽蝶变；曾经的采煤塌陷区贾汪潘安湖成为国家级生态湿地和水利风景区,十万群众告别高氟水；淮安、宿迁，将古黄河、大运河、里运河打造成了城区景观河道，环绕洪泽湖、骆马湖、白马湖建设绿色画廊，曾经人们避之不及的黑水河、臭水沟，再度引人相近、与人相亲……

一手抓节水、一手抓调水，是南水北调工作的基本原则。

习近平总书记强调："要把实施南水北调工程同北方地区节约用水统筹起来，坚持调水、节水两手都要硬，一方面要提高向北调水能力；另一方面北方地区要从实际出发，坚持以水定城、以水定业，节约用水，不能随意扩大用水量。"这既是总书记对南水北调工程的明确要求，也是江苏水资源开发利用的重要遵循。

江苏水资源相对丰沛，却面临时空分布不均的矛盾。江苏积极探索丰水地区的节水路径，以保障合理刚性用水需求、抑制不合理用水、提升水资源利用效率为重点，强化用水总量和强度双重控制，提升水资源高效利用水平。

在最严格水资源管理制度的探索上，江苏先行先试，选择不同水资源禀赋、不同经济发展水平的南京市江北新区、徐州市丰县、连云港市东海县等8个地区，开展"四水四定"试点。围绕合理分水，江苏全面推进跨省、跨市、跨县3个层面的河湖分水工作，健全水资源管控指标体系。

看住上线——建立省市县3级行政区域用水总量控制指标，在全国率先开展可用水量确定；以县域为单元，确定地下水取用水量、地下水水位2项控制指标，地下水取用水计量率、地下水监测井密度2项管理指标。

守住底线——健全重点河湖生态流量保障体系，以里下河地区和阳澄淀泖地区为试点，在全国率先探索以水利片区为单元确定生态水位。

严守红线——将万元地区生产总值水耗、水源地达标建设等纳入省委高质量发展综合考核内容,及时修订补充用水定额,形成覆盖各个领域、涵盖主要产品的用水定额体系,并将其作为取水审批、水资源论证等工作的依据。

在合理分水的同时,江苏在全省范围内启动节水型工业园区建设,建成了一批高耗水行业节水型企业,7个典型地区和工业园区节水试点有序展开,长三角一体化示范区全域和南水北调沿线开展国家级县域节水型社会建设;出台水权交易改革意见,南京、徐州、南通、盐城、扬州、镇江、宿迁等市完成了9个项目57单水权交易;在全国率先开展节水型高速公路服务区建设,全省逐步建立"水利牵头、部门共管"的节水推进机制……2021年,作为"十三五"期间落实最严格水资源管理制度成绩突出的4个省份之一,江苏获得国务院通报表彰。

在考察江都水利枢纽时,习近平总书记明确指出:"要依托大型水利枢纽设施和江都水利枢纽展览馆,积极开展国情和水情教育,引导干部群众特别是青少年增强节约水资源、保护水生态的思想意识和行动自觉,加快推动生产生活方式绿色转型。"这是总书记首次对水情教育作出重要指示。

如今的江都水利枢纽,每逢周末都会有各地中小学生前来参观。水情教育馆内,陈列着南水北调调水线路示意沙盘、可操作的泵站模型以及实体节水器具。在这里,孩子们不仅能了解到全省乃至全国的水情,还能掌握节水护水的方法,增强珍惜水资源的意识。省江都水利工程管理处水情教育中心主任张敏说:"我们向人民群众、社会团体宣传水利工程设计的科学、规模的宏大、经济效益和社会效益的巨大,让知水、节水、护水、亲水的水情教育理念深入人心。"

省委省政府把水情教育工作纳入《美丽江苏建设总体规划（2021—2035年）》。省水利厅会同省委宣传部、省财政厅、团省委、省科协等五部门，率先出台省级水情教育基地管理办法。一年来，省水利厅以更高站位、更实举措，加快开展水情教育，2021年新增13家省级水情教育基地，国家级水情教育基地数量居全国第一。

第一章 溯流北上千里送清波

精细管理
——科学守护生命线工程

江都第四抽水站泵房的大屏幕上实时显示水质自动监测站监测获得的水体水质动态变化数据,一旦水质有异常警报,工作人员沿入江水道上溯到引水地三江营调水保护区彻查原因。

源头水质安全风险防范体系的不断健全只是江苏精细化管理生命线工程的一部分。江都水利枢纽正在从运行管理、调度管理、安全管理、效能管理等方面全面提升。

水利工程"三分建、七分管",江苏水利人深谙这个道理,也领悟到了总书记的厚重期望。多年来,在没有多少管理标准、管理经验可以借鉴的情况下,江苏在长期实践中不断摸索积累,形成了较为成熟的工程体系和高效运转的管理体系,大型泵站和水闸的管理制度日臻完善,管理技术不断成熟,管理队伍日益壮大,不仅保障了江水北调工程安全、平稳、高效运行,而且为国内泵站、水闸等水利工程运行管理、维修养护、设备安装培养了一大批"大国工匠"。

依托日积月累的坚实基础和丰富经验,江苏全面提升南水北调工程运行管理水平。

把握"安"的底线——夯实本底安全基础。健全工程安全生产控制管理责任体系,构建纵向到底、横向到边的运行安全检查和风险隐患排查机制。通水运行以来,保持安全生产无事故记录。在抗

调度控制中心

御淮河、沂沭泗流域超规模洪水,应对超强台风带来的短时强降雨时,江苏南水北调新建工程如山屹立,安然无虞。

坚持"精"的标准——推动管理提档升级。坚持比学赶超,借鉴成功经验,梳理自身特点,明晰提升路径,5年完成新建工程运行管理"规范化、制度化"建设,又用3年全面完成14座新建大型泵站的运行管理"标准化"创建,形成调水工程示范性运行管理"10s"系列江苏特色标准。围绕工程设备"管、养、修、用"全过程,开展科技创新攻关,引进转化先进技术,形成多项一流科研成果,实现机组效率国内领先的同时,推动国内水泵和机电设备制造业提档升级。

融合"智"的技术——探索智慧管理方向。建成"一江、三湖、九梯级"智能化调度运行系统,江苏南水北调集控中心上线运行,南水北调新建泵站全部具备"远程开机、少人值守"能力,系统荣获2021年智慧江苏重点工程和十大标志性工程。智能调度系统在2022年北延供水、省内抗旱运行和2022—2023年度向省外调水中充分应用。目前,江苏又在全国率先开启南水北调泵站工程数字孪生试点,为南水北调工程装上"智慧"新核。

江苏南水北调工程与江水北调工程使用同一输水线路,这条输水线既是向省外调水的干线,也是省内用水保障的生命线。如何统筹省内省外用水需求,做到水资源利用效益最大化?

南水北调东线一期工程通水以来,江苏将向省外供水作为不折不扣必须完成的政治任务,水利部门与生态环境、交通运输、住房城建、农业农村、电力等职能部门通力配合,分工负责,克服汛初汛末水质保障、危化品航运管控、省外供水和省内用水重叠时的调配、旱涝急转时的风险调度、长时间高水位运行时的涝渍影响等困难,按时按质按量圆满完成历次调水出省任务,为缓解北方水资源短缺问题发挥重要作用。

同时,江苏充分利用双线互济、河网输水的优势,科学精准调度,保障省内供用水需求不受影响。在苏北地区3000万亩(200万公顷)水稻栽插育关键期,相机利用南水北调新建泵站参加灌溉高峰期供水,以能力换时间,顶峰填谷,有力改善江苏受水区的农业灌溉时序和效益,为苏北地区农业生产稳产丰收发挥了积极作用。2019年多季干旱,各梯级泵站全力抽水,沿线6市50县(区)近4000万人口的生产生活用水得到稳定供给。

江苏南水北调工程发挥的效益不止体现在保障粮食丰产丰收上。通过统筹兼顾、系统协调,江苏牢牢把握"工程综合效益最大化"这一目标和准则,南水北调东线工程"四条生命线"的重要价值,正在江苏大地持续体现!

2017年至2021年,江苏统筹运用南水北调新建工程与原有江水北调工程,充分发挥防洪、排涝、抗旱、航运、生态等综合功能,为苏北苏中地区经济社会发展和水安全保障发挥重要作用。

保障沿线通航水位，实现大旱不断航。2021年苏北运河货运量近3.3亿吨，较2020年增长4.1%，超过5条京沪高速公路的货运量。

成功抗御洪涝旱台，在2019年苏北地区特大干旱、2020年淮河流域性较大洪水以及2018年"温比亚"、2019年"利奇马"、2021年"烟花""灿都"等超强台风引发的暴雨洪涝中，实现无人员伤亡、无重大险情、无重大损失。

实施生态应急补水，2014年向南四湖生态补水8000万立方米。2019年洪泽站向洪泽湖调水18.23亿立方米，及时抑制了湖泊水位的快速下降，避免了生态危机。

促进河湖水体流动，有效扩大水域面积，改善区域气候，助推徐州境内潘安湖、大沙河等生态湿地建设，促进沿线旅游资源的质量提升。

....

2022年4月至5月，水利部组织启动京杭大运河全线贯通补水行动。江苏迅速行动，多措并举，南水北调工程快速投入运行，调水7000万立方米沿运河北送。近百年来，大运河首次实现全线通水，千年运河迎来了世纪复苏，重现往日盛景，重回历史舞台，唱响时代的华章。

这是一条调水线，也是一条生命线、发展线，更是一条延续线、幸福线。有了南水北调工程的运行管理经验，江苏与时俱进审视全省水网建设工作的目标取向、理念思路、部署举措。

江苏牢记"确有需要、生态安全、可以持续"的重大水利工程规划论证原则，按照中央工作部署，围绕东线工程"一干、多支、扩面"的导向，科学评估工程建设和运行情况，深化研究既有工程体系增加调水的潜力,确立多源配置、就近调水、依托存量、相机增调的规划思路,明确经济合理、土地节约、技术先进、综合利用的规划导向,分析预测省域水资源供需情势,细化江苏境内送水出省的布局方案,做好江苏水网与国家水网的有序衔接,努力为黄淮海地区粮食增产、生态复苏提供新增水源,助力京津冀协同发展、雄安新区建设、黄河流域生态保护和高质量发展、长三角一体化发展等重大国家战略的实施。

南水北调源于1952年毛泽东主席的宏伟构想。如今又在习近平总书记的关怀指引下,发展成支撑中华民族永续发展的"国之重器",构造出中华水网壮阔蓝图的主骨架。从21世纪初到党的十八大召开,十年之间,江苏水利人栉风沐雨、艰辛开拓,又好又快建成南水北调东线一期工程。党的十八大以来,江苏水利人遵循习近平总书记殷殷嘱托,深入贯彻落实"节水优先、空间均衡、系统治理、两手发力"治水思路,管好工程,用好工程,确保一江清水北送,交出一份优异答卷。

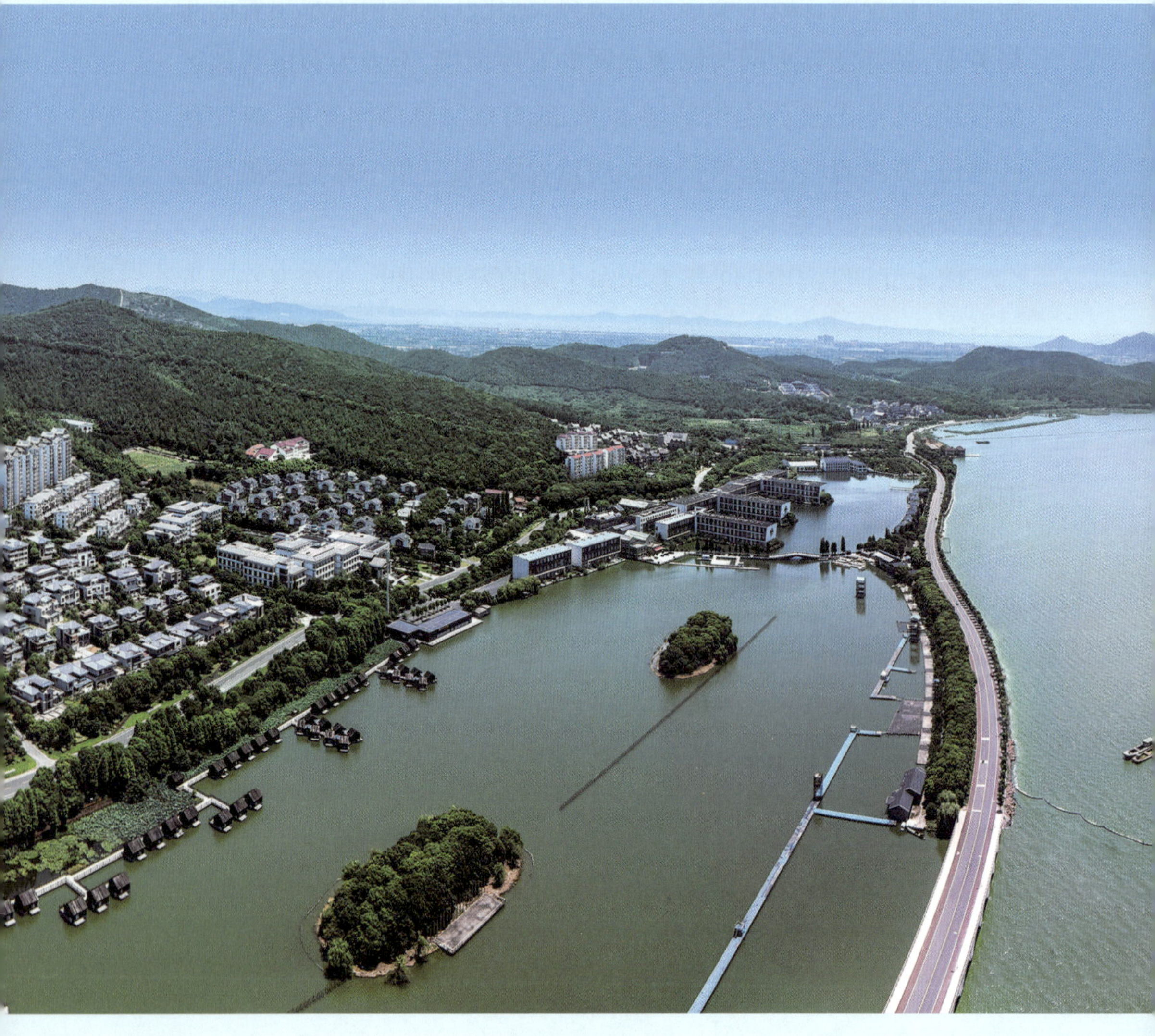

第二章
勾勒水润江苏新图景

　　水,是一切生命的源泉。壮阔之长江,浩瀚之黄海,延绵之运河,隽秀之太湖,不同"性情"的水,在江苏大地上交相融汇。作为典型水乡,水是江苏最大的特色和优势。遵循新时期治水思路,建设水美江苏,是8000多万江苏人的情怀和向往,也是江苏水利人的应有担当和职责所系,更是新时代做好治水兴水事业的力量源泉和根本所在。

　　如何把习近平总书记关于治水兴水的重要论述转化为建设水美江苏的高度自觉？如何把新时期治水思路转化为江苏治水兴水生动实践？如何用全新理念、全新实践、全新路径推动江苏水利再上新台阶,努力创造无愧于历史、无愧于岗位、无愧于组织的过硬业绩？江苏水利人在思考、在谋划、在实践、在奋进,努力答好新时代的答卷,努力勾勒水润江苏的图景。

破解治水难题，
复苏大江大河大湖生态

2017年5月，刚刚履新省水利厅厅长的陈杰主持召开全省水利局长座谈会，开展大讨论，谋划新时期江苏系统治水工作思路，明确工作主抓手，加快建设水利现代化。在他看来，江苏跨江濒海，扼淮控湖，长江横穿东西，京杭运河纵贯南北，全国五大淡水湖独得其二，水域面积占土地面积的16.9%，位居全国各省之首，具备较好的水利"本底条件"。

江苏享受水之"利"的同时，也饱受水之"害"。10.72万平方千米的土地面积要承受上游200万平方千米的洪水下泄，汛期80%的面积位于洪水位之下。随着经济社会快速发展和工业化、城镇化加速推进，河湖水域侵占、环境杂乱、水质污染、生态退化、功能衰竭等问题日益凸显；全省超过1/3的河湖水体受到不同程度的污染，河湖过度开发利用、生态退化现象尚未得到有效遏制，经济社会发展与水资源环境承载力之间的矛盾突出。江苏率先感受到水污染、水环境、水生态等新问题与水灾害等老问题叠加，已经成为经济社会发展的阻点，人民群众生活的痛点。

上任伊始，"未来江苏水利应该怎么干，朝什么方向走，干什么事情？"带着思考、带着责任，陈杰带队南下浙沪考察，下沉基层调研问政，北上部委汇报沟通，寻求治水路径的创新发展。"经济社会

第二章　勾勒水润江苏新图景

发展到今天,水利已经不完全是为农业服务的问题,而是服务整个社会的问题。"有着长期基层水利工作经验的陈杰深深懂得水利工作意味着什么。在新的历史时期,治水思想要变——习近平总书记提出了"节水优先、空间均衡、系统治理、两手发力"的治水思路,用系统思维来统筹考虑,要科学治水;治水重点要变——随着生活水平的提高,人民群众更加关注污染治理和生态环境,水利工作不仅要重视防汛抗旱保安全,而且必须更加注重水生态水环境问题;治水重心要变——社会发展的重心在转变,2020年江苏城市人口占

长江南京段

75%，必须更加注重城市水利建设，水务一体化就是解决城市水利问题的成功路径；治水方式要变——江苏大量的水利工程已经建设完成，必须建管并重，向管理要效益，而且随着智能互联技术的发展，必须发展信息化，以信息化推动智能化管理、精细化调度。

全省水利局长座谈会气氛热烈，集全系统之智，举全系统之力，形成"以全面推行河长制为统领，以生态河湖行动为抓手，以改革创新为动力，着力建设安全水利、环境水利、生态水利、节水水利、智慧水利、法治水利的发展思路"。当月29日，省水利厅决定启动编制《生态河湖行动计划》。迅即，院士领衔、专家把关、技术人员参与的团队投入研究，南京水利科学研究院、省政府研究室、省水利厅"三驾马车"并驾齐驱，水安全保障、水资源保护、水污染防治、水环境治理、水生态修复、水域岸线保护、河湖管理、水文化建设八个方面的生态河湖行动计划初成，新时期江苏系统治水方向初定。

10月9日，党的十九大召开前夕，省政府印发实施《江苏省生态河湖行动计划（2017—2020年）》，一个贯彻系统思维、依托河长制实施、瞄准生态河湖治理的目标，最终应运而生。长达22页的《江苏省生态河湖行动计划（2017—2020年）》，承载着8000多万江苏人民对美好生活的向往和期盼，明确了新时期生态治水作战图，分别提出了：2020年的近期目标——城市水域面积率不下降，重点河湖水功能区水质达标率82%以上，灌溉水利用系数达到0.6以上；2030年的远期目标——主要河湖生态评价优良率达到70%……

近期目标的量化数据也应和了"水安全有效保障、水资源永续利用、水环境整洁优美、水生态系统健康、水文化传承弘扬"的远期目标。这样的高目标同样预示着未来数年,江苏治水的摊子将铺得更大,战线将拉得更长,可谓是一场硬仗。"保护江河湖泊,事关经济社会发展大局,事关广大人民群众的福祉,是一项长期而艰巨的任务。"陈杰对此有着清晰认知。

那么,迎难而上靠什么?江苏水利人审时度势,抓住了全面推行河长制的时代"风口"。2007年太湖蓝藻暴发,无锡率先设立了河长,用党政领导可以整体协调的优势形成统筹协调机制,攻克单个部门解决不了的复杂水问题。这一做法经过江苏省和其他省份更大范围的试验完善,已经在全国推行。

"好风凭借力,送我上青云。"河长制是运用整体统筹、系统思维治理复杂水问题的有效制度保障。组织开展生态河湖行动,正是借鉴河长制的系统治水经验,建立全省统筹、河长主导、部门联动、分级负责的工作机制,将全省上下凝聚成一个拳头去逐个击破治水难题,成为江苏破解复杂水问题的新战略。

陈杰说,生态河湖行动计划有四个更加注重:更加注重新老水问题统筹,更加注重水问题系统治理,更加注重水文化创新引领,更加注重水治理体系建设。注重水文化创新引领展现了江苏治水新实践的厚度和广度,体现了江苏水利人对于水的文化自觉,也是对水文化地位作用的深刻认识、对水文化发展规律的精准把握。注重水治理体系建设体现了江苏治水新实践的力度和深度。通过大力推动管理流域化、管护网格化、资源权属化、投融资多元化,创新建立河湖治理、保护和管理长效机制,切实保障河湖效能的持续提升。

可以说,生态河湖行动计划借鉴河长制而思路更活、目标更高;生态河湖行动计划借力河长制而范围更广、领域更宽。统筹治水,借力而上,创新发展,生态河湖行动计划为河长制"江苏样板"再添新"抓手"。一场努力打造"洁净流动之水、美丽生态之水、文化智慧之水"的治水会战,正在江苏大地上热烈展开;一个"河通水畅、江淮安澜、水清岸绿、生物多样、人水和谐、景美文昌"的美好愿景,正向江苏人民徐徐走来。

第二章　勾勒水润江苏新图景

护好"盆"里的水，管好盛水的"盆"

水，不仅是江苏鲜明的特征，更是经济社会发展的重要资源和生态系统的控制要素，在促进高质量发展、保障国家安全方面具有十分重要的作用。2019年3月13日，陈杰在做客人民论坛网《两会国是厅》高端访谈节目时，首次提出抓好水生态系统保护修复，一方面，要护好"盆"里的水；另一方面，要管好盛水的"盆"。因此，护好"盆"里的水、管好盛水的"盆"也成为当年首创的热门词汇，在水利行业被广泛引用。

就治水而言，江苏经过持续多年治理，用改革措施解决了一批人民群众关心的突出的水问题。进入新时代，人民群众对生态环境的要求越来越高，对美好环境的渴望也越来越强烈。为此，江苏率先实施系统治水、合力兴水，初步构建"三河两湖一网"生态绿色廊道框架，并于2017年9月19日拉开江苏河湖"三乱"专项整治行动的帷幕，2017年10月，江苏省又提出"推动生态河湖建设，全力打造水美江苏"，出台生态河湖行动计划，明确新时期生态治水作战图，力争建成美丽中国的江苏样板。

在陈杰看来，护好"盆"里的水，其实是要控制外源污染，减少内源污染，提高环境容量，沟通河湖水系，实现活水畅流。为此，按照中央全面推行河湖长制部署，江苏全面构建以党政领导负责制为核心的责任体系，充分发挥河湖长这一特殊身份在水治理中的统领作用,坚决打赢碧水保卫战。在打造清洁的水方面,江苏实施生态优先,倒逼产业转型升级;实施截污纳管,提高污水收集处理率;实施清淤疏浚,提高水环境质量。而管好盛水的"盆",则是要划定河湖管护范围,彻底治理河湖乱建、乱占、乱排,修复河湖生态系统,加快退圩、退渔还湖和小流域综合治理,恢复滨水湿地,加强水源涵养。

在江苏,一段由农民们自编的顺口溜被广为流传:"60年代淘米洗菜,70年代引水灌溉,80年代鱼虾绝代,90年代垃圾成灾。"其背后是不少农村地区河道变化的真实写照,由于生产方式和生活方式的改变,农村河塘水质恶化问题日益突出。为改变彼时的河道状态,江苏不断加大投入县乡河道疏浚和村庄河塘疏浚整治资金。在省级资金带动下,市县财政投入也大幅度增加,同时,各地积极创新投入机制,推广以土换资、水面资源承包经营等形式,多渠道筹集资金。各地还结合企业的灌排用水,使沿河厂矿企业也成为河

常州竺山湖

道疏浚工程的投入者。

随着农村河道整治的加速推进,全省平均每年完成农村河道疏浚和村庄河塘整治土方1.5亿立方米左右。疏浚整治过的河道,沟通了水系,改善了水质,提升了引排功能,使村容村貌大为改观,促进了农村经济社会发展。不少地方农民群众将疏浚整治后的村庄河塘称为"健康生命河、致富幸福塘",而"望得见山,看得见水,记得住乡愁"的美丽农村画卷也在江苏农村广袤的大地上铺展。

近年来,江苏以江水北调、江水东引、引江济太三大调水体系为依托,加大跨区域调配水、区域水源工程建设,推进中小河流治理,开展城市水系连通,促成了区域河湖、中小河流与三大调水体系互连互通。

江苏还结合区域水环境治理,扎实推进农村河道轮浚、生态清洁型小流域等工程建设,促进各类河湖水体的互连互通、活水畅流,加快消除断头浜、断头河、死湖,进一步畅通城乡水网体系。目前,江苏河湖水网基本实现互连互通,优化了水资源配置,改善了水生态环境容量,满足了发展用水需要。

良好的河湖生态环境是最普惠的民生福祉。在陈杰看来,管好盛水的"盆",河湖治理也是重点。2017年,伴随着江苏河湖"三乱"专项整治行动的开启,省水利厅组织开展河湖全方位调查摸底,指导市县利用卫星遥感、无人机、视频监控等信息化手段,结合人工实地调查,对全省727条骨干河道、137个湖泊、49座大中型水库实施排查,形成区域河湖"三乱"问题清单2.3万个,省直排重点河湖"三乱"清单问题1250个。将省级领导担任河长的河湖主要违法行为,以问题清单的形式下发给各市总河长、河长,倒逼各地高强度推进落实。

仅仅三年,江苏河湖"三乱"专项整治行动就取得了预期成效,由省级领导担任河长的河湖范围内的主要违法行为全部按标准完成整治,其他问题清单也如期销号,达到了"遏制增量、削减存量"的工作目标。随着一批河湖乱象问题得到根治,一条条河湖生态线也变成了"风景线",彰显了江南梦回水乡的独特景象。

河湖水污染,表象在水里,根子在岸上,源头在于不合理的产业结构和不适宜的生产生活方式。为巩固成果,更好地呵护盛水的"盆",2018年12月,省委办公厅、省政府办公厅下发《关于在全省开展河湖违法圈圩和违法建设专项整治工作的通知》,动员部署全省开展专项整治,省水利厅迅即安排河湖管理、水政执法等部门开展了全面排查。初步排查显示,全省"两违"问题点多面广,数量高达1.5万个。2019年1月22日,全省河湖违法圈圩和违法建设专项整治暨长江经济带水利专项整治工作推进会议召开,水利系统"两违"专项整治按下"快进键"。

20世纪60至70年代,江苏湖泊周边地区利用河湖滩地进行圈圩种植养殖,解决了沿湖群众的温饱问题,但也造成了湖泊内存在较多历史圈圩种植养殖现象。湖泊水域萎缩直接导致湖泊防洪库容下降、兴利供水容量减少、湖底荒漠化等生态问题。但随着城镇化快速推进,对湖泊防洪、供水、生态、调蓄的要求却日趋提升。江苏坚持贯彻"山水林田湖草沙是一个生命共同体"系统思想,力争恢复湖泊面积,扩大盛水的"盆",坚决开展退圩还湖工作,将固城湖、得胜湖列入退田还湖试点,2019年调整完善省洪泽湖管委会,并组织编制洪泽湖退圩还湖规划。

烟波浩渺的洪泽湖,是苏北人民的"母亲湖",水产资源丰富。20世纪60至70年代,受"走水路奔小康"等政策影响,洪泽湖养殖、捕捞渐成规模。随着洪泽湖周边圈圩围网养殖和捕捞产业迅速发展,为解决生产期间的吃饭、住宿等生活问题,渔民购买或自建船只作为临时住所,产生的生活污水未经任何处理直排入湖。截至2020年3月底,洪泽湖上有住家船7066条。因此,住家船成为洪泽湖治理保护的"顽疾"。

洪泽湖蒋坝船塘整治后

2020年,江苏将洪泽湖住家船整治确定为全省遵循新发展理念、排查解决突出民生问题的重点任务之一。在对洪泽湖治理保护工作中,江苏坚持生态优先、水陆统筹、区域联动,系统治理,加强生态保护和科学利用。通过以渔民上岸安居工程为抓手,结合洪泽湖省管水域禁捕退捕工作,全面实施洪泽湖渔民上岸安居工程,洪泽湖上7066条住家船、49条餐饮船全部拆解,6840条捕捞船同步退捕,近2万住船渔民上岸安居,洪泽湖面临的水空间萎缩、水污染趋重、水生态退化等突出问题得到有效解决。

住宿从"摇摇晃晃"变成"稳稳当当",饮水从"有水喝"变成"喝好水",教育从"水上漂泊"变成"就近上学",出行从"烂泥路"变成"水泥路",医疗从"赤脚医生"变成"社区医院",至此,以船为家的洪泽湖渔民告别了"水上漂"。宿迁市泗洪县临淮镇胜利村,紧邻洪泽湖畔。村民段广玉介绍,渔民上岸前,这里一条水泥船起风就晃,渔民全家吃喝拉撒都在船上,部分船没有接通自来水,不仅洗澡、如厕十分不便,也给洪泽湖生态环境增加了压力。段广玉说,临淮镇近九成村民为渔民,总数超过1.5万人,他家世代栖居水上,厨房连卧室,也仅四五平方米,打小就生活在水上,靠捕鱼为生,当年结婚时,简陋的船舱就是婚房,老来终于盼到上岸住新居,实现"安居梦",并与全省人民一道"奔小康"。

通过开展河湖乱占乱建乱排"三乱"专项整治,启动河湖违法建设和违法圈圩的"两违"整治,江苏逐步修复河湖生态,系统保护河湖综合功能。及时发现并查处各类违法行为,强制拆除"两湖"水域滞留采砂船只1486条,长江采砂秩序总体可控,提前半年实现非法采砂行为零发生、非法采砂船只零滞留目标。全省湖泊累计恢复自由水面220平方千米,防洪、生态、经济效益显著。如今的太湖、洪泽湖、骆马湖、滆湖、高邮湖、长荡湖等,碧波荡漾,水鸟翱翔,昔日一眼望不到头的围坝围网,被旖旎迷人的风景取代。游人们或在观景,或在漫步,或在垂钓,尽情地享受着生态环境改善带来的福祉。

在这次碧水保卫战中,江苏的收获不仅于此,还得到了一份标志明显、群众认可的沉甸甸的治水成绩单。据相关资料通报:全省地表水环境质量总体呈显著改善趋势,2021年国考断面水质达到优Ⅲ的比例为87.5%,同比2012年上升25.3个百分点,所有重点断面水质均消灭劣Ⅴ类,平均水质由轻度污染改善至良好状态;长江水质稳定达到Ⅱ类,太湖水质提至Ⅳ类。党的十八大以来,累计新建污水管网1.13万千米,新增城镇污水处理能力368万立方米每日,县级以上城市污水处理厂全部达到一级A排放标准,行政村生活污水治理设施覆盖率达74.6%;全省超过70%的主要河湖生态状况评估达到优良水平。全省建成农村生态河道339条、生态清洁小流域96个、水利风景区151个、水美乡村1820个、美丽库区幸福家园156个。徐州大沙河丰县段成为全国首批17个示范河湖之一。长江、太湖、洪泽湖等水域的水生生物资源恢复明显,"水中大熊猫"长江江豚再次在长江水域成群嬉戏……

共治共享，
擦亮生态河湖"绿色"本底

9月的秋风，吹拂在徐州市云龙区大龙湖的湖面上，层层鳞波在阳光的照射下，如同一道道金色流线，散发着无限的光彩。湖畔边，绿树阴浓如臂膀，将大龙湖搂抱在怀中，小孩们在这嬉戏，大人们坐在亭台楼阁里聊着大龙湖从水库到网红度假区的蜕变过程，水清景美的大龙湖给他们带来了满满的幸福感。

治理一条河，点亮一处景，富裕一方人。近年来，江苏推进源头治水、系统治水、全员治水，在全国率先全域推进幸福河湖建设，厚植生态底色，共护河湖。顺应河湖生态环境发生的转折性变化，江苏加快幸福河湖建设步伐，系统绘制了全域幸福河湖建设"施工图"，更多河湖向美而行。如今，江苏渐次展现幸福河湖模样，并走出一条经济发展和生态文明相辅相成的河湖治理保护新路子，为全省经济建设提供有力支撑。而这一切变化都与《江苏省生态河湖行动计划（2017—2020年）》密不可分。

提起江苏，人们的印象大都是鱼米之乡、富庶之地，得天独厚，这种印象也许只对了一半。江苏滨江临海，境内河湖众多、水网交织，自北向南分布着沂沭泗、淮河、长江和太湖四大水系，串起江苏大地一座座明珠城市，共同描摹着水韵江苏的独特气质。然而，随着经济社会快速发展，治水重点和方式都在发生显著变化，导致水

第二章 勾勒水润江苏新图景

安全、水污染、水环境、水生态等新老水问题叠加。为此,江苏力争经过十余年的努力,实现"水安全有效保障、水资源永续利用、水环境整洁优美、水生态系统健康、水文化传承弘扬"的目标,展现"河通水畅、江淮安澜,水清岸绿、生物多样,人水和谐、景美文昌"的愿景,努力建成美丽中国的"江苏样板"。

"十分必要!十分迫切!十分可行!"对于生态河湖行动计划对江苏的意义,陈杰连用三个"十分"概括。在他看来,水是生态与环境的控制性要素,河湖是水资源的载体,生态河湖建设是生态文明建设的基础内容。省委、省政府高度重视生态河湖建设,省委书记多次作出专门批示,要求以全面推行河长制为契机,在全省实施生态河湖行动计划。在全省全面推行河长制工作会议上,也要求实施生态河湖行动计划,推动全省河湖管理保护再上新台阶。建设生态河

徐州潘安湖

湖,对于贯彻落实中央和省委、省政府决策部署,推动全省经济转型、建设美丽江苏,具有重大意义。

同时,实施生态河湖建设是民之所望,施政所向。为此,江苏聚焦水利发展中不平衡、不充分的问题,在广泛调研、充分论证的基础上,围绕打造安全水利、环境水利、生态水利、节水水利、智慧水利、法治水利"六大水利"发展思路,系统谋划,明确提出以全面推进河长制为统领,在全省实施生态河湖行动计划,踏上治水新征程。

推进水治理体系和治理能力现代化,必须确立生态河湖战略目标,努力推动治水重点由以建为主,转向更加注重社会管理和生态环境治理。开展生态河湖行动,就是贯彻生态优先、绿色发展理念,顺应百姓对美好生活的需要,统筹解决水利发展不平衡、不充分的问题,使人民获得感、幸福感、安全感更加充实、更有保障、更可持续。

"一碧太湖三万顷,屹然相对洞庭山。"自古以来太湖就是山水绝佳处,湖光连天,青山粉黛,物产丰富,孕育了江南水乡韵味风貌,造就了吴越之地繁荣富庶。太湖流域,因水而美,因水而兴,却又因水而"困"。为重现太湖碧波美景,党中央、国务院高度重视,铁腕治污,批复了《太湖流域水环境综合治理总体方案》。根据太湖水环境综合治理规划,江苏省委、省政府及流域各级政府积极推进太湖水环境治理和水污染防治,在采取控源截污、蓝藻打捞、湖泛监控、生态修复等举措的同时,重点实施了调水引流走马塘、新沟河、新孟河等引排水工程,加快太湖与长江水体交换,提高太湖流域水环境容量,为太湖水生态加快自我修复创造条件。

"太湖是一个浅碟形湖泊,湖体流速缓慢、流态复杂,导致湖泊环境容量低下"，据省太湖治理工程建设管理局负责人介绍，"从流水不腐角度考虑，在实施生态清淤减少存量污染的同时，扩大引江济太规模，让太湖流域的水体活起来、动起来，引清释污很有必要"。为此，江苏发挥水利工程对经济社会发展的基础保障作用和生态环境效应，全面加快治太工程，通过新沟河工程、走马塘工程、新孟河工程"三驾马车"，联合望虞河、太浦河等工程，将太湖换水周期从309天缩短至180天，即一年换一次增加为一年换两次，实现长江与太湖之间畅引畅排，增加太湖流域水环境容量，从而进一步降低湖体富营养物质含量。

在加快骨干工程建设的同时，各地也积极推进区域支流治理。苏州市建设七浦塘拓浚整治工程，引长江水入阳澄湖，改善阳澄淀泖区水环境，同时为了加快城区河网水流动，组织实施了古城区"自流活水"工程。无锡市以提升水环境、改善水生态、挖掘水文化、发展水经济为目标，大力实施长广溪水生态修复工程，同时还正在积极谋划依托建成通水的新沟河，通过引流活水提升城市内部河流水质。常州市对采菱港、大溪河、永安河等中小河流进行治理，着力改善入湖水生态环境。

在实施江河湖库水系连通中，江苏还注重水污染防治，充分考虑水资源承载能力和环境容量，以系统治水倒逼产业布局优化，调高、调轻、调优、调强产业结构，大力开展工业、农业、生活、交通等各类污染源治理，从源头减少污染排放，降低入河湖污染负荷。把水功能区达标整治作为水环境治理的关键抓手，着力推动水功能区划和水功能区限制纳污总量修订工作，形成水功能区纳污总量与陆域排污单位相对应的总量控制制度。

在南通城区水利工程智慧管控系统的水流向界面中，城区的通江河道与西部的长江,围成一个"倒梯形"结构,里面河道纵横交错,连接成"网"。这是南通市在中心城区打造的水网。南通是长江入海前的"最后一站"。受水体流动性差、河道淤积、雨污混排等因素影响,一度面临"依着一江清水、守着一城脏水"的困境,中心城区污染尤为严峻。45 平方千米范围内,78 条河道中有多半是断头河。除古护城河濠河为Ⅳ类水外,其余大部分河道水质为劣Ⅴ类。治理从哪入手?

2019 年初,南通在中心城区实施了沿河排口高标准截污,做到应截尽截。随后,打通河道堵点、断点,44 条断头河全部连接大水系,片区内河道连成水网。引江水入城后,南通依托原有地势,科学运用泵站、闸站等控制工程,统筹建设控导工程,营造内河间的高低水位差,促进水体有序流动,最终形成了"西引东排、北引南排"的活水畅流格局。

"中心城区河道过去基本无流速,现在平均流速为每秒 0.14 米,水全部流动起来了。"南通市水利局党组书记、局长吴晓春说。在河流的"盲肠段",南通引入了拓扑导流墙这个"黑科技",仅以每米 700 元的成本就能让"死水变活水"。

不止南通,在占地 2370 亩的无锡贡湖湾湿地公园,置身于太湖新城环湖大堤上,一边是烟波浩渺的太湖,一边是灌木郁郁葱葱的湿地。很难想象,治理前这片水域曾四处私建乱搭,成为污染严重的烂泥窝。"太湖贡湖退圩还湖生态修复工程"通过退圩还湖、保护湿地等措施,修复了河湖生态。

在宿迁,矿山居委会居民范荣付说:"马陵河以前是臭水沟,蚊蝇成群,我们都计划搬走了。但现在,你看多美,房价噌噌涨呢!"随着引水、清淤拓宽、分类截污等水环境综合整治主体工程的实施,马陵河这条曾经的"龙须沟"重现了宜人的水乡风景。沿岸 10 余万居民,临水听涛,枕河而眠。

如今,在江苏,越来越多的河湖水清可观、岸绿可憩、景美可赏,人与自然和谐共生的美好画卷徐徐展开。各地还充分保护挖掘河湖文化和景观资源,不断丰富河湖文化内涵,在精神力量的传承和创新中,推动水利事业持续健康发展。

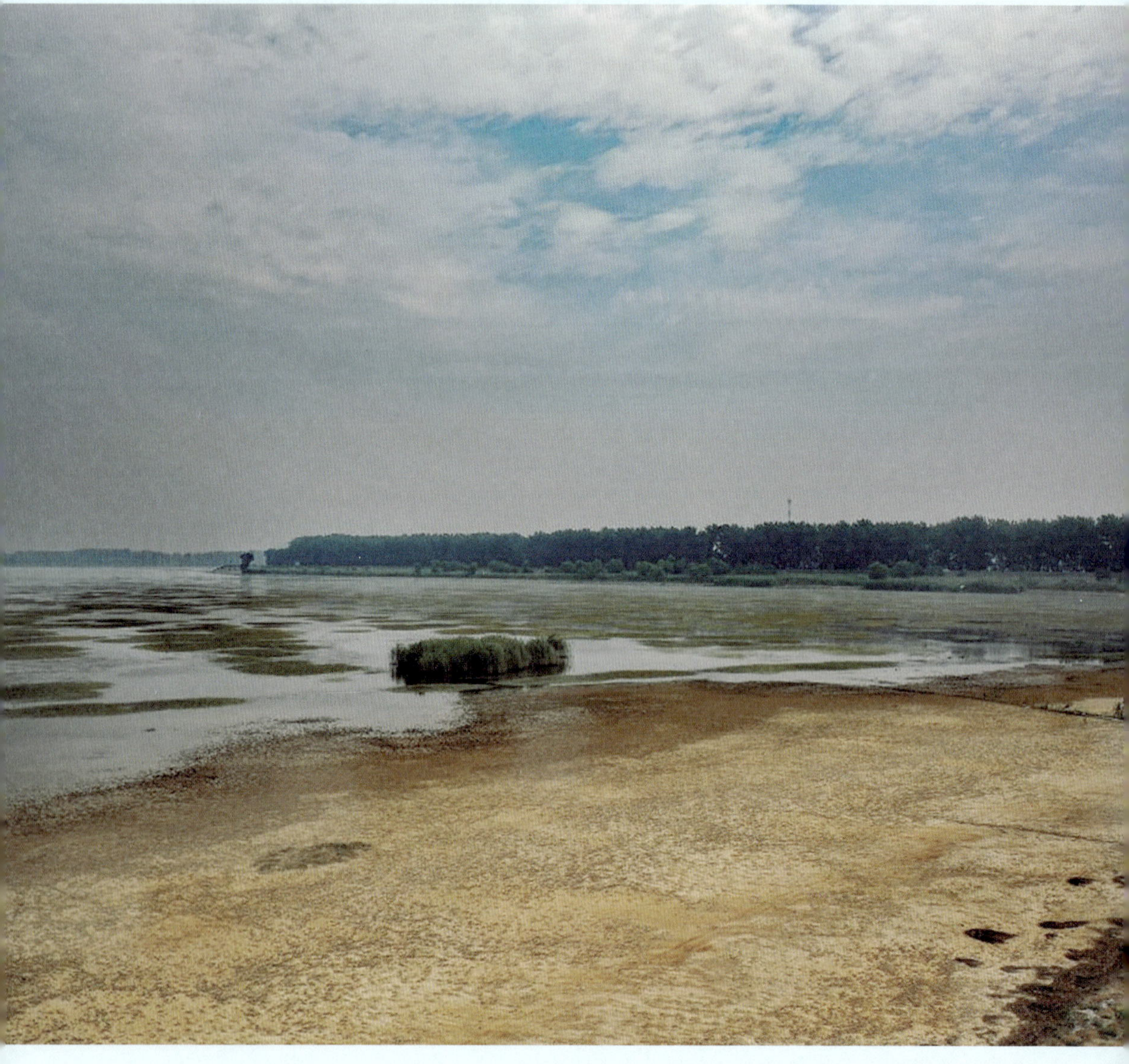

第三章
打赢防汛抗旱硬仗

近年来,江苏连年受洪旱风暴潮侵袭,防汛抗旱防台形势十分严峻。2016年,太湖流域发生流域性特大洪水。2017年,淮河发生秋汛,来水量历史同期罕见。2018年,淮河干流发生罕见春汛,"温比亚"等多个台风袭击江苏省。2019年,遭遇60年一遇苏北气象干旱、新中国成立以来登陆华东第三强台风以及1974年以来沂沭泗地区最大洪水。2020年,长江、太湖、淮河、沂沭河大洪水接踵而至,汛情程度之重、频次之高历史罕见。2021年,干旱、暴雨、台风、洪涝交替发生,台风"烟花"穿境而过,带来严重洪涝。2022年,1961年以来最强高温来袭,长江流域发生大范围干旱……

面对严重旱情汛情,江苏水利系统认真贯彻落实习近平总书记"两个坚持、三个转变"防灾减灾新理念,在省委、省政府的坚强领导下,通过高效组织、精准调度、全力应对,用汗水滋润初心,用坚强证明使命,用拼搏诠释安全,水旱灾害防御领域捷报频传,连续打赢防大洪、抗大旱、防强台硬仗,交出了全省无人员伤亡、无重大险情、无重大损失的优异答卷,谱写了一曲曲新时代江苏水利人防汛抗旱英雄赞歌。

大旱缘何无大灾？
——抗击苏北地区严重旱情

2019年7月20日，洪泽湖边，晴热无雨。静谧的湖水停在11.3米死水位标尺下，泛不起一丝波澜，湖床上泥土龟裂，植被稀疏，船舶搁浅。

2019年5月以后，淮河流域降雨仅162毫米，较常年同期偏少近5成，为新中国成立70年来同期最小值，淮河干流来水较常年同期偏少6成，沂沭泗诸河基本无来水。苏北地区"三湖一库"（洪

洪泽湖干旱

泽湖、骆马湖、微山湖、石梁河水库)蓄水位持续下降,洪泽湖水域面积缩小近一半,可用水量几近枯竭。

省委、省政府高度重视抗旱工作,要求将确保人民群众生命财产安全放在首位,把做好防汛抗旱工作作为对初心使命的检验,切实加强科学调度和用水管理,为高质量发展提供强有力保障。

省水利厅牢固树立底线思维和风险意识,从人民立场出发,周密部署,科学安排,把科学防灾减灾理念不折不扣落实到具体工作中。针对特殊的旱情,全省水利系统把做好抗旱工作作为"不忘初心、牢记使命"主题教育的重要实践平台。

针对苏北地区干旱持续发展态势,省水利厅定期会商研究,及时部署抗旱调度措施,确定了"三管"要求。

管重点——"保生活用水、保重点工业、保大运河重要节点航运、兼顾农业和生态用水"的目标,严禁江水北调沿线地区在抗旱应急期实施生态调水引流。

管效率——为确保用水计划精准实施,要求调水沿线各调水站点开展流量应急监测,分析各类用水户的用水需求和用水特性,制订抗旱应急调度计划,明确沿线各市县用水计划,细化到各引水口门,每5天进行一次优化调整,严格落实管水责任,针对部分地区用水超计划的情况及时约谈,确保各河段、各口门用水量不突破,确保江淮水顺利到达最北端。

管水质——强化输水河道堤防的巡查防守和河道阻水障碍物的清除,加强污染源管控、防止低水位水质污染,确保优质水向北输送。

面对60年一遇罕见的气象干旱,省水利厅按照省委、省政府"确保苏北人民群众生活生产不受影响、确保全省有旱情无旱灾"

的"两个确保"要求,科学调度抗旱水源,全力实施江水北调、南水北调等跨流域调水工程,抽引长江水源解决苏北地区用水,并充分运用江水东引工程,启用里下河水源调整工程泵站抽水补给,压减里运河沿线、总渠沿线用水,增加北调水源。

7月20日上午,江都水利枢纽第四抽水站内,7台水泵轰隆隆作响,滚滚江水从此处被抽引,然后溯源而上,润泽苏北大地。"目前,江都水利枢纽4座抽水站33台机组,已经全负荷运行超50天。"省江都水利工程管理处副主任周灿华介绍,连轴转几个月,对机组和人员都是极大的考验。"虽然很辛苦,但没有一个人抱怨过累。"

虽然一江清水源源不断地向北奔流,但全省黄色高温预警信号也在持续发布,伴随着高温蒸发与农业用水高峰期,洪泽湖与骆马湖水位持续降低。降低的水位正不断迫近航运、农业、渔业的警戒红线。

位于京杭运河和苏北灌溉总渠交汇处的淮安船闸因水位下降,待闸船舶一度超5000艘,严重影响船民的正常生产生活。

对此,省水利厅紧急调用省防汛防旱抢险中心与省骆运水利工程管理处抢险队人员及设备,在淮河入江水道金湖控制线架设20立方米每秒的临时机组,翻水进入江水道三河段,经洪泽站翻水入洪泽湖,增加洪泽湖的补水能力。

7月25日晚,省骆运水利工程管理处多个管理所收到抗旱出机调度指令。"收到!收到!"整齐的回复迅速在微信群里响起。没有过多的指挥和安排,抢险队支部党员们熟练地按照日常训练分工迅速装车。第二天一早,来到抢险现场,气温在不断地向40摄氏度逼近,地面温度超过60摄氏度,烈日当空下,所有队员快速安装机泵。从早到晚,没有一人休息,都是一句话,"等机组架设完毕,出水后,我们再休息,早一会儿,洪泽湖就会多些水,渔民的鱼和螃蟹就会少些损失,苏北地区居民用水就多些保障,运河上的船就能多过一艘。"

为解决苏北灌溉总渠沿线船舶搁浅问题,7月30日,省水利厅与省交通运输厅举行联合会商,研究制定应急调度方案。省水利厅负责抬高总渠运东闸至阜宁腰闸河段水位至5.0米以上,并加强沿线用水管控,省交通运输厅负责现场疏通保畅。在通力配合下,8月2日18点55分,随着最后一艘船只缓缓驶离船闸,搁浅在苏北灌溉总渠运东船闸至阜宁船闸区段的船舶全部疏解。

一方面全力调水,另一方面严格管水。为确保应急水量调度方案贯彻执行到位,省洪泽湖水利工程管理处作为洪泽湖的守护者,巡查管水,开辟抗旱保水第二条战线。管理处组建了6个巡查管水工作组,24名工作人员负责淮安、宿迁2市7个县(区),23个网格点,900余处取水口门的巡查工作。每天清晨7点,巡查人员就奔赴巡查现场;每天下午6点,巡查数据全部反馈到位。其间,取水口门工作现状、涵闸运用状况、机泵开机流量、河湖水位等信息源源不断发送至主管部门。

自6月10日起,省水文局扬州分局工作人员已经奋战在抗旱前线50天。7月30日下午1时,在宝应境内的子婴段岸边,扬州水文分局局长王永东和同事已穿好橙色救生服,带上测量设备,顶着40摄氏度的高温准备登船进行水文测量。监测人员在渡船上小心翼翼地将超声波流速仪放到河面上,一人牵着绳子拖拽仪器,一人捧着笔记本电脑读着数字,瞬时流速和流量在电脑上生成了曲线。早在上午8时,监测人员就已将第一组水文监测数据上报完毕。下午2点,在烈日的炙烤下,测量队员又准时开始了一天内的第二次

金湖架机补水

水文监测。

"我们抽调了20多名党员干部,兵分多路,在多处设立断面监测水位流量,开展大运河抗旱水文测量。"王永东介绍,自6月10日起,他们每天清晨五点半到达水文监测断面,并在8点前将第一组水文监测数据上报。午后再进行第二次水文监测,将数据及时准确地上报,从而保障八百里江淮水奔流北上。

工程调度考验水利人的智慧,抗旱保水需要水利人的坚守。在各地抗旱一线,水利系统党员干部职工坚守初心,牢记使命,为实现省委、省政府"确保苏北人民群众生活生产不受影响、确保全省有旱情无旱灾"的"两个确保"目标夜以继日地工作。

在大旱之年,苏北地区2780万亩(185万公顷)水稻按时完成栽插,炎炎烈日下苏北农田绿意盎然、生机勃勃;全社会生产生活秩序井然。

2019年,江水北调(含南水北调)各梯级泵站累计向苏北地区抗旱调水251亿立方米(其中抽江水量85.6亿立方米),江水东引累计向里下河及沿海垦区调引江水121亿立方米,均创历史新高;引江济太常熟枢纽累计引江水13.4亿立方米(其中入太湖5.46亿立方米),沿江其他口门累计引水超过80亿立方米。全年抗旱减免灾效益达36.32亿元。

有大洪无大险，金钥匙在哪里？

——成功防御长江超历史大洪水

2020年江苏省梅雨期超长，共发生10轮强降雨，梅雨量是常年的2.5倍。上游来水超多，长江南京段水位超历史极值；太湖发生流域性大洪水、连续9天超保证水位；淮河发生流域性较大洪水、干流全线超警戒水位。

这是一场来势汹汹的"大考"，这是一次惊心动魄的战役。危急关头，全省上下深入学习贯彻习近平总书记关于防汛救灾工作的重要讲话指示精神，全面落实党中央、国务院决策部署，坚持人民至上、生命至上，全省动员、全力以赴，众志成城、连续作战，充分发挥水利工程体系完备、可控可调的功能优势，通过高效运转、灵活顺畅的组织指挥体系，全省防汛抗洪救灾工作"考"出了无重大险情、无人员伤亡、无重大损失的优异成绩，取得阶段性胜利。

应对严峻汛情，实现有大洪无大险，江苏"金钥匙"在哪里？

托福"防洪墙"，坚守两个高标准

7月21日，南京中山码头附近，逾百年历史的长江南京潮水位站，电子屏上清晰显示"10.39米"，标志着最高水位刷新历史纪录。

从小在附近长大的王瑛用手机拍下了水位不断创新高的过程。"小时候，谁也不敢在发洪水时来江边看风景。现在不光建起坚

长江南京潮水位站

固的'防洪墙',还有这么多人在守护大堤,我感觉很安心。"

"工程是基础,调度是关键,防守是保证。我们坚持系统化思维、科学化应对,让洪水平安入海,让百姓平安生活。"省防指副指挥、省水利厅厅长陈杰说。工欲善其事,必先利其器。历届省委、省政府始终将治水放在突出位置,开展了大规模的水利工程建设,基本建成防洪、挡潮、除涝工程体系。

新建成的新沟河工程是太湖流域洪水北排长江的骨干工程。汛前,省水利厅专门研究制定新沟河调度方案。自太湖水位超警戒线起,工程排洪总量已超 6 亿立方米,在长江高水位顶托、太湖高水位挤压的不利情况下,有效解决了武澄锡地区涝水出路问题。

多年来,尤其是近 3 年来,江苏保持每年 400 多亿元的水利投资力度。长江堤防防洪能力全面提升,长江崩岸应急治理工程加快建设;太湖治理新沟河工程建成,新孟河工程具备通水条件;淮河流域重点洼地治理工程加快推进，里下河川东港工程建成通水。长江、太湖、淮河等流域的防洪标准均达 50 年以上。依靠防灾减灾工程体系，江苏成功应对了历次流域性和区域性重大洪涝灾害的威胁，保证了经济社会健康发展。

不光要高标准建设，更要高标准管理。全省 947 座在册水库是防汛工作的重中之重。入汛以来，省水利厅部署各地实行线上线下实时监测，精准控制水库运用，及时腾空库容调蓄洪水。正是高标准的"管"，实现了高保证的"安"。

上好"预备课"，系统思维抗大洪

预备周全。坚持"建重于防、防重于抢、抢重于救"。年初预测预报显示，汛期长江、太湖、淮河有发生大洪水甚至超标洪水可能，各级防汛抗旱部门立足防大汛、抗大洪、抢大险、救大灾，积极做好各项汛前准备。

省秦淮河水利工程管理处防汛抢险突击队成员夜间巡堤查险

汛前,省委书记主持召开省委常委会会议,专题研究部署防汛工作;省长赴溧河洼灾后重建应急治理工程现场,检查推进水利复工和水利工程建设;省防指加密会商研判,及时部署落实防御措施。

在汛期来临前,全省各地对防汛物资进行预置,对抢险队伍进行演练,一旦发生险情,可在最短时间、最近距离,以最快速度调度到位。

预案周密。7月5日,省政府发布新修订的防汛抗旱应急预案,为依法、规范、有序做好洪涝干旱灾害预防处置工作提供了权威依据。

7月12日,长江、太湖地区防汛应急响应提升至Ⅱ级,防汛进入关键期。省委书记、省长、省委副书记多次奔赴一线检查指导防汛抗洪工作。

在省防汛抗旱指挥中心,分管省领导坐镇带班值守,省防指成员单位迅速集结、联合办公。气象部门滚动预报雨情,水文部门实时预测水情,水利部门及时调度应对。各地党委政府主要负责同志均深入一线、靠前指挥。

预测周详。7月13日15时,省水利厅一级水文首席预报员闻余华正和同事们运用沿江风暴灾害预报模型预测长江洪水的演进过程。"综合考虑雨情、水情、工情因素,运用水文水动力模型,才能准确预测各个站点的水位。"闻余华说,模型可分析预测未来3天、一周或更长时间的水情,为防汛决策提供依据。

省水文局局长辛华荣说,长江江苏段水位预报偏差不超过5厘米。7月9日水文预测,南京潮水位站次日最高水位为9.82米,而实际为9.80米,偏差2厘米;预测7月13日高潮水位10.10米,最终完全吻合。

精准预测预报,为做好工程调度打下坚实基础。太浦河、望虞河是太湖两条骨干泄洪通道,通过错峰调度,统筹流域洪水和区域涝水外排,沿江闸站累计排水超16亿立方米,相当于排掉太湖约三分之一的正常蓄水量,有效化解了流域洪水风险,赢得了抗洪主动权。

答好"关键题",百姓至上保安澜

7月22日晚8时,省防汛抗旱指挥中心灯火通明,气氛紧张而又严肃。省防指指挥召集各成员单位负责人连夜会商,部署迎战淮河流域1号洪水各项措施。

受安徽淮南山区暴雨影响,淮河盱眙段水位猛涨,省防指预判水位将超过鲍集圩行洪区启用的水位条件。经与上级部门沟通协调,指挥部审慎研判,确立"须分则分,能保尽保"的原则,并决定立即实施人员撤离。当晚10时,省防指9个成员单位的负责人立刻转场盱眙,次日凌晨1时会商人员撤退转移方案。

23日8时,撤离正式开始,老弱病妇幼先撤,高危险区内人员先撤,离安置点较远人员先撤。当晚,1.2万人基本全部撤离。

23日12时,在盱眙县城南实验小学安置点,村民们正在吃午饭。"一天三顿饭尽量让大家吃得舒心,晚上还播放室外电影。"淮河镇社会服务站站长王先伟说,安置点还专门设立医疗小组,为老人提供测量血压、代买药物等服务。

洪水在压境,人员已撤离,要不要"扒口行洪"?这道关键题,做起来不容易。

"根据淮河洪水调度方案,需要适时扒口行洪。由于提前排水、全力畅泄、合理分流,加之中游地区启用多个行洪区,经与上级部门沟通,最终成功避免了鲍集圩行洪、滞洪。"省防指秘书长、省水利厅副厅长兼省应急管理厅副厅长张劲松表示,通过有效应对,全省滞洪区、行洪区、滞涝圩无一运用。

预测预报、会商研判、预警响应、适时调度、巡堤消险……各项应对措施环环相扣。

省泰州引江河管理处堤防抢险

人民至上、生命至上的理念,贯穿防汛救灾全过程、各层级。广大基层干群和消防、应急、水利等专业人员,对险工患段、重要位置24小时不间断防守,第一时间发现险情,第一时间处置到位。省防指先后派出25个督导工作组、7个专家组,指导各地及时处置险情。7月以来,全省共投入巡查力量194.86万人次,安全转移撤离5.73万人,处置险情181处。

"汛虽猛,但安宁!"王瑛把破纪录的水位照片配上文字发到朋友圈,获得无数点赞。在许多江苏人心里,这个夏天,虽然洪水凶猛,但生活如常。

风雨中,为百姓构筑安心港湾

——打好"烟花"台风保卫战

江河湖库水位快速上涨,120个站点超警戒水位,8个站点超保证水位,15个站点水位超设站以来最大值,淮河入江水道、新沂河、中运河等持续大流量行洪,2021年7月25日9时,江苏启动防台风Ⅱ级应急响应。

2021年7月24日至29日,第6号台风"烟花"穿越江苏。这是有记录以来在江苏停留时间最长的台风,也是过程雨量最大的台风。江苏,与强台风正面交手!

这是一场必须打赢的硬仗——事关人民群众安危,事关城乡运行安全。

这是一次防汛应急的大考——各地各部门全面排查整治各类隐患,努力将灾害损失降到最低。

这是一张考验担当的答卷——江苏认真贯彻落实习近平总书记重要指示批示精神和李克强总理的批示讲话要求,坚持人民至上、生命至上,以对百姓高度负责的使命感,迎难而上、向险而行,确保江河安澜、社会安定。

在这一场激烈的遭遇战中,省水利厅坚持以人为本、以防为主、快速反应、协同应对,密织起防汛抗台的大网,圆满实现省委、省政府确定的"城镇不看海、工程不失事、次生灾害不发生、力争不死一个人"的防台目标。

强台来袭,形势严峻

台风"烟花"7月26日17时许进入江苏南部,打破江苏省多项气象记录。

台风"烟花"滞留时间长,累计在江苏停留约37小时。省气象台首席预报员刘梅介绍,台风"烟花"以"热带风暴"级别横穿苏南,历经32个小时,曾在南京高淳区盘旋达7小时;减弱为热带低压后又在徐州丰县停留约5个小时,累计在江苏停留约37小时。过境速度缓慢,是有气象记录以来在江苏停留时间最长的台风。

过程雨量大,多地降雨量创历史极值。台风"烟花"影响期间内陆最大风力9级,太湖及沿海海面风力为10至11级。最大过程雨量569.2毫米,平均过程雨量220.9毫米,接近江苏常年平均梅雨量。28日泗阳县等6个县(市、区)日雨量超有气象记录以来极值,最大降雨量达322.3毫米,是有记录以来影响江苏的过程雨量最大的台风。

影响范围广,纵贯南北覆盖江苏全域。刘梅说,台风"烟花"从苏州市吴江区进入江苏,然后沿江而上,在苏皖分界线游离,随后穿过徐州市丰县,纵贯江苏南北,整个台风云系覆盖江苏全域,是有气象记录以来影响范围最广的台风。"烟花"移动速度相对较慢,因此风力较大,最强的时候达到强台风级别,多地持续强降雨。

致灾因素多,防汛形势严峻。受台风"烟花"及连续强降雨影响,江苏遭遇大量客水压境、严重暴雨内涝、超强台风风暴潮增水等。

受此次台风影响,江苏全省农作物受灾面积62245公顷,成灾面积17654公顷,绝收面积799公顷。水产养殖受灾面积2326公顷,倒塌房屋 31 间、严重损坏 179 间。直接经济损失 4.22 亿元,其中主要为农林牧渔业损失 3.43 亿元。

周密部署,全面迎战

省委、省政府深入贯彻落实习近平总书记关于防汛救灾工作的重要指示精神,坚持人民至上、生命至上,科学指挥,统筹调度。各地各部门迅速行动、强化责任,全力以赴做好各项防御工作,筑起保障人民群众生命财产安全的坚固堤防。

省委常委会会议专题研究部署,省委书记专门作出批示,要求针对极端天气较多和汛期进入关键时刻的实际情况,做好预案,确保安全度汛。

7月25日晚,位于南京市上海路5号24楼的江苏防汛防旱指挥部内灯火通明,省防指总指挥、省长再次组织召开全省防台视频调度会商会,对防御部署工作提出明确要求,要求坚持底线思维,强化责任担当,深入排查隐患,落细落实措施,坚决打赢防御台风"烟花"这场硬仗,确保人民群众生命安全,尽最大努力将财产损失降到最低。

从7月23日起,省防指即启动应急机制,每日进行加密会商研判,分析台风发展趋势及不利影响,研究部署防御工作。每日发布简报,通报台风动态和防御工作情况,并及时向社会公众发布预警信息,提醒公众提前做好防台风准备。

这是一场和台风的赛跑。省防指先后派出工作组,赶赴沿江和苏南地区督查指导防台风防强降雨工作。7月23日深夜,省水利厅发出通知,要求厅系统党员干部在抗台中做到值班值守、查险排险、苦干实干"三在先"。7月24日下午,视频连线沿江6市水利部门,对各地防汛防台准备情况进行检查。

市县各级党委、政府主要领导上阵指挥,领导班子下沉一线开展工作,防指各成员单位按照防台工作职责目标,落实落细各项重点防御措施,确保一旦发生险情,做到第一时间响应。

预字当头,科学调度

台风暴雨加上天文大潮影响,可能造成长江、太湖、里下河等地区河湖水位快速上涨并超警。台风后期还将影响淮河中游和沂沭泗地区,江苏可能面临四大流域渐次遭受台风影响的局面,淮河干流、沂河、沭河可能发生超警洪水过程。

为防范台风可能带来的影响,省水利厅及时调度,预降河湖库水位,腾空库容接纳降雨,为抗御台风暴雨赢得了时间和空间。

台风到来前,留足裕量。克服东排黄浦江受阻、南排杭嘉湖受限的不利影响,沿江11座泵站提前一周全力抽排;淮河流域三河闸保

新孟河界牌水利枢纽

持敞泄,把洪泽湖水位控制在警戒水位以下;里下河沿海5大港全力抢潮排水。太湖、洪泽湖、里下河地区腾出了14亿立方米库容。

暴雨落下后,用足能力。7月28日上午9点,刚刚通过试运行验收12天的新孟河界牌泵站,9台机组全部投入排涝,抽水流量达300立方米每秒,有效缓解太湖西部地区涝情。适时开启江都站、高港站、宝应站、大套站,会同沿海5港,形成4个方向齐排水的格局,最大排水流量达到2100立方米每秒。

洪水来临时,立足统筹。调度淮河入江水道长时间大流量泄洪,控制分淮入沂水道泄量,兼顾两岸地区排涝;开启淮安站、新港站,及时排除白马湖、宝应湖地区涝水;协调水利部沂沭泗管理局,调度嶂山闸降低骆马湖水位,加大石梁河水库下泄流量,全力消纳沂沭泗地区的暴雨洪水。

紧盯水库运行水位,严格水库汛限水位管理,督促台风暴雨影响区域的水库,加快降低库水位,腾库迎洪。针对超警超保河湖库堤坝,精准前置抢险力量和应急物资,超前组织加强巡堤查险,积极动员社会力量,对防汛重点堤段、险工险段、病险涵闸等组织力量开展拉网式排查,全省累计43.22万人次投入巡堤查险。

省防指副指挥、省水利厅厅长陈杰表示:"从近几年的防汛实践来看,坚强的水利工程基础和精准的指挥调度系统始终是制胜法宝,我们将加强雨水情监测研判、水利工程精准调度、河湖库巡堤查险等各项工作,为防汛防台赢得主动。"

精准防范,处置有度

防御台风是一场没有硝烟的战争,各地各部门全面协调配合,坚持群防群控,落实落细各项防御措施。

第三章 打赢防汛抗旱硬仗

省应急管理厅聚焦可能受台风影响的重点区域，统筹调配各方资源力量，组建防汛防台抗洪抢险、排涝、水域救援3支突击队，9支水利专业抢险队伍、市县63支队伍完成集结，摸排全省隧道口、低洼处等重点易涝地区，采取"就地前置"方式，做好救援准备。设置苏州市吴江区、无锡宜兴市两个前沿指挥部，统筹调度力量，实现太湖地区1小时内机动到位，增援力量3小时内机动到位。

住建部门加强建筑工地管理，做好城市应急抢排准备，强化高空构筑物、广告牌、简易工棚等户外设施安全防范工作。

交通运输部门加大对交通基础设施养护检查和抢通保通工作，确保排泄洪设施通畅，加大对下穿通道、易积水路段、沿河河道等路段巡查频率，及时抢修处置隐患。

农业农村部门抢早做好水稻、玉米、蔬菜地沟系配套与疏通，

省防险中心开展堤防巡查

抢早收获成熟粮食蔬菜,全面开展渔港渔船安全隐患排查,对在港伏休渔船进行实时管控,确保渔船和人员安全。

气象部门利用多渠道实时发布台风预警和科普信息。

各地级党委、政府全面落实责任,主要负责同志靠前指挥,组织干部群众全力做好防御台风各项工作。

南京市全天候、全时段开展巡查排查,重点防范隧道、地铁、城市重要公共设施、下凹式立交、地下空间、低洼片区等出现积水受淹情况。严格"一点一案",全面落实抢排队伍、设备和措施。

南通市全部临时关停沿海沿江地区公共区域及景区,加强江海堤防、里下河圩堤及大中型涵闸巡查力度,重要险工险段落实24小时值班巡查。

无锡市出动6.54万余人次,加强江河湖库圩堤巡查防守和轨道交通、地下空间、高空设施、危旧房屋等重要设施的隐患排查整治。

防范"烟花"期间,共转移危险区域人员45.9万人,组织近2.5万艘船只回港避风,排查消除户外广告牌等市政隐患逾2万处。

通过超前谋划、快速反应、周密部署、科学应对,协同指挥体系见效,江苏将"烟花"影响降低到了最小。

闻风而动,冲锋在前

7月26日,省委组织部发出通知,要求在疫情防控和防汛抗台中充分发挥党组织和党员作用。全省水利系统响应号召,200多个党支部2000多名党员尽锐出征,将党旗插到防汛抗台第一线。由厅领导和专家组成的6个工作组赶赴长江、太湖流域一线,检查防汛物资储备情况、工程运行调度情况,协助指导地方开展风险隐患排查。随着台风"烟花"步步逼近,又紧急增派7个工作组赶赴淮河、里下河、沂沭泗等地。

7月25日9时,防台风应急响应提升至Ⅱ级。

当天,泰州引江河高港枢纽下游长江水位急剧攀升,最高水位已经突破5米。为保障堤防安全,省泰州引江河管理处实施24小时巡堤,时值管理处正在开机排涝,江堤巡查人手紧缺。在这关键时刻,管理处青年党员突击队主动请缨,要求承担巡堤任务。

夜间,堤防上风大、雨大。一群顶着风雨的"夜归人",一手拿着铁钎,一手握着手电筒,仔细检查着迎水坡的每一处水面和背水坡的每一个草丛。队长朱增伟说,巡堤并不是简单地走一走、看一看,要做到眼到、手到、耳到、脚到、工具物料随人到。堤坝有无管涌险情,泉孔流出来的水是否清澈……这些都是他去年参加江堤抢险时积累的经验。在巡堤现场,青年党员用实际行动诠释了什么是担当作为、青春热血。

在这场防汛防台大考中,省水利厅系统200多个党支部2000多名党员听党指挥、闻风而动、向险而行,冲在第一线、铆在第一线、干在第一线,全力以赴、尽锐迎战,用坚强的战斗堡垒筑起坚固的红色防线。

第四章
开篇现代水网华章

　　重大水利工程关系国计民生,是造福民生的主力,是水利基础设施网络体系的骨干和关键,是兴国安邦的"重器"。翻开历史的画卷,江苏把水利建设放在恢复和发展经济的重要地位,一项项重大水利工程为江苏高质量发展泼墨添彩。

　　近年来,江苏在推进水利跨越发展的同时,坚持一张蓝图绘到底,持续不断开展大规模水利建设,保障人民生命安全和经济社会发展。2022年5月、7月,吴淞江整治(江苏段)、淮河入海水道二期工程相继开工,提前完成国家提出的年内开工的目标任务。江苏水利建设3次获得国务院鼓励激励,全省全社会水利投入保持在年均500亿元左右。

谋远施策，水系互通构建现代水网

江苏地处东部沿海，人口密度高、产业集聚度高、污染排放强度高，加之特殊的地理位置和气候条件，决定了其水情异常复杂、治水任务艰巨，解决长期累积的水问题是人民群众的热切期盼。"在新时代，推进高质量发展，必须深入学习贯彻习近平生态文明思想和新时代治水方针，按照省委、省政府打好治水攻坚战的部署

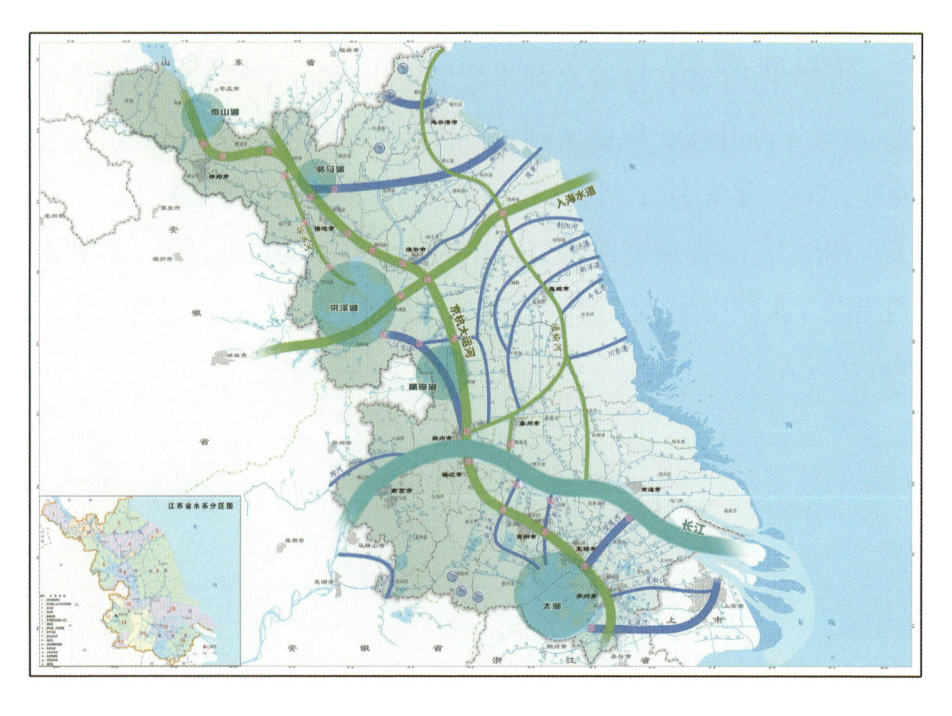

江苏水网总体格局示意图

要求,以全面推行河长制湖长制为统领,以生态河湖行动计划为载体,推动治水兴水事业高质量发展。"省水利厅厅长、党组书记陈杰的话掷地有声。

在工业化、城市化快速发展的江苏,传统"水利"概念正在发生变化。江苏实现了从除水害到兴水利,从解决生存环境问题到河湖系统治理,从农业基础保障到关乎整个国民经济命脉,从传统水利到现代水利的巨大进步。而与传统水利重在工程本身建设,着眼解决农业灌溉、防洪、排涝不同,现代水利全面关注制约经济社会发展的各类水问题,实现了水利工程建设与保护水资源、改善水环境同步。

翻开江苏水利发展史,可以发现从 20 世纪 50 年代开始,江苏就实现了上下齐心、深入实际……,掌握治水规律,谋划治水之策。

1957 年,针对江苏地处江淮沂沭泗下游这一基本特点,省委提出,今后水利建设,必须贯彻防洪、排涝、灌溉、航运相结合的方针,并明确以解决大洪水威胁为前提。1958 年,在长江、淮河、沂沭泗 3 个流域规划初步成果的基础上,制订了《江苏省水利规划纲要(草案)》,提出"丘陵山丘、平原坡地、水网圩区和沿海垦区"4 个片区、"防洪、排涝、供水、航运"四类功能、"省、县、乡、社"4 级河网的治理标准和治理思路。由此,江苏水网规划格局初步形成。

60 年代,以江淮水北调和区域分片治理为重点完善了骨干水利规划布局。70 年代,以农田水利为重点,完善了县乡水利规划布局,推动多目标综合治理。80 年代,在国家南水北调规划尚未实施的情况下,研究推进江淮水北调向北延伸。90 年代,利用世界银行贷款"加强灌溉农业"项目,推进江水北调线上沙集、淮安等泵站增容,扩大调水效益。

进入新世纪，在配合国家完成长江、淮河、太湖3大流域防洪规划、水资源综合规划、流域综合规划、南水北调东线工程规划等规划基础上，于2010年编制完成《江苏省水系规划》，提出了河道分类体系，形成了《江苏省骨干河道名录》《江苏省湖泊保护名录》等成果，获省政府批复。《规划》对全省河湖进行了分类、分级，明确功能定位和衔接关系，为现代水网分级、分类提供了基本依据。

"十三五"时期，针对区域治理的薄弱环节，开展了17片区区域水利治理规划，进行了每个片区的防洪水文水利计算、水资源供需配置分析，确定了各个片区的治理标准、治理布局和工程建设任务，为区域水利治理创造了条件。市县开展城市防洪、农村水利治理研究，形成流域、区域、城市、农村4个层次的规划体系。

江苏水利之所以能够保持在全国前列，靠的是一代又一代人的顽强拼搏，靠的是江苏人民自强不息的奋斗精神。新中国成立70多年来，接续开展了4次治水斗争，水利迈上了一个又一个台阶，不断实现水安全保障能力升级。

第一次治水高潮的艰苦，为防洪安全奠了基。新中国成立初期，江苏以集中力量大规模治理淮河为起点，开创了新中国科学治水新纪元。在经济异常困难、技术十分落后的局面之下，江苏初步构建起防洪挡潮的安全屏障。通过开挖新沂河、新沭河，整治中运河、沂河、沭河、邳苍分洪道，形成了沂沭河洪水就近东调，南四湖洪水南下经骆马湖入海的"东调南下"工程体系。淮河下游，开挖苏北灌溉总渠、分淮入沂水道，整治入江水道、洪泽湖大堤，兴建三河闸、高良涧进水闸、二河闸等十几座大中型水闸。

第二次治水高潮的艰辛，为粮食安全扎了根。20世纪70年代，在全国北方地区农业会议的推动下，江苏掀起了以建设旱涝保收、高产稳产农田为中心的治水改土运动,农田水利建设全面展开,江水北调、淮水北送工程体系基本建成,江淮沂沭泗水系初步实现了互济互调。

第三次治水高潮的艰难,为工程标准升了级。1991年夏天,江淮遭遇百年一遇特大洪涝灾害,直接损失230亿元。大灾后反思,反思后大干。江苏先后建成入江水道加固、分淮入沂水道整治、洪泽湖大堤加固等"老三项"工程,建成望虞河、太浦河、环太湖大堤等工程,自筹资金建设泰州引江河、通榆河、泰东河等一批重大水源工程,促进了沿海地区发展和滩涂开发。2002年底,南水北调东线江苏境内工程开工,历时10余年建成通水。2003年6月28日,淮河入海水道一期工程提前半年建成,建成不到10天就投入抗洪运用。其后,又实施了进一步治淮38项工程,淮河流域防洪标准全面提高。

第四次治水高潮的艰巨,为生态文明增了彩。党的十八大以来,党中央把生态文明建设放在治国理政的突出位置,作为统筹推进"五位一体"总体布局和协调推进"四个全面"战略布局的重要内容。江苏完整、准确、全面贯彻新发展理念,以全面推行河长制为抓手,以长江、太湖、洪泽湖等"一江两湖"为重点,开启河湖系统治理新阶段。

近年来,江苏更是围绕国家水网重大工程建设部署要求,加快现代水网布局、加力重大工程建设、加强建设要素保障,全面提升防洪减灾和水资源优化配置能力,坚决扛起稳定宏观经济大盘的水利担当。编制完成了《江苏省现代水网建设规划》,指导全省优化水资源配置格局、完善防洪减灾体系、强化水生态保护、构建智慧水网体系。同时,积极开展省级水网先导区创建,打造"功能综合、空间融合、循环畅通、调控自如"的现代水网,推动品质安全升级、发展动能升级、运行效能升级,高水平实现江淮安澜。

一直以来,重大水利工程建设都是稳投资、稳增长的"压舱石"。党的十八大以来,江苏始终把治水兴水放在基础性、战略性、先导性位置,立足构建新发展格局,统筹发展和安全,全力推进防洪减灾、调水引水等一批强基础、增功能、利长远的重大项目建设,不断健全完善江苏现代水网体系,为江苏现代化建设提供坚实的水利保障。在长江流域,实施完成长江干流崩岸应急治理等工程,在推进扬中河段二期整治、长江堤防防洪能力提升等项目立项;在淮河流域,黄墩湖滞洪区调整建设等一批工程建成投运,全面实施淮河入海水道二期、洪泽湖周边滞洪区建设等工程;在太湖流域,新孟河延伸拓浚基本完成,环太湖大堤加固全面实施,全面实施吴淞江整治工程,推进望虞河扩大、太浦河后续等项目立项。

"财政要兜底、市场要孕育,根本出路在两手发力。"陈杰对"破解要素制约是工程顺利推进的关键"这个问题有着准确的认识。他感叹:"保持每年全省全社会水利投入500亿元,实属不易!"为推进重大水利工程建设,省水利厅多次研究加大金融支持的多项措施,建立与国开行、农发行等金融机构的合作交流机制,用好用足各项金融支持水利政策。2022年下半年,省水利厅抓住国家政策性开发性金融工具项目的契机,积极对接发改部门、金融机构,争取到国家基础设施投资建设基金48亿元。用地问题向来是水利工程建设的关键制约,未来15年全省重大水利工程需新增用地41万亩(2.7万公顷)。省水利厅提前谋划、系统研究,编制水利基础设施空间规划,提出规划工程国土空间需求,为后续水利工程建设提供空间保障。和自然资源、生态环境等部门定期会商,为重大水利工顺利推进保驾护航。

江苏正根据《国家水网建设规划纲要》,以"九路入海、八河通江、三纵调度、五湖调蓄"为纲,以"区域百河"为目,以"湖库闸站"为结,以主脉畅通、水系连通,安全升级、智慧赋能,生态复苏、文化润扬为重点,全局统筹、整体推进江苏现代水网建设。

源出太湖，吴淞江一路奔逸东流

长三角地区地缘相邻、河湖相连、人文相亲。古往今来，这片水系通达之地，因水而美、因水而兴，也曾因水而忧。2022年5月16日，总投资超150亿元的重大水利工程——吴淞江江苏段整治工程在昆山市花桥镇开工。源出太湖东岸瓜泾口的吴淞江，从苏州出发，一路奔逸东流，进入上海，汇入黄浦江。它不仅是江苏、上海密切联系的纽带，更成为沿线地区交流合作的见证。

"这是长三角一体化区域水网互联互通骨干工程，是水利服务长三角一体化发展的重大行动，体现了示范区协调治水机制的全面强化。"省水利厅厅长陈杰介绍，工程的实施将助推太湖防洪标准提高到百年一遇，提高太湖洪水外排能力，改善区域水资源、水生态、水环境条件，提升苏州至上海内河航运能力，为长三角一体化高质量发展提供更加有力的水安全保障。

工程不仅将提升流域防洪保安能力，还将成为推动长三角一体化基础设施互联互通、水生态环境持续改善的引擎。省水利工程建设局副局长刘胜松告诉记者，江苏境内工程位于昆山市境内，西起太湖瓜泾口，穿京杭大运河，至苏沪交界与上海段河道相接，境内全长61.7千米，涉及苏州吴江区、吴中区、工业园区和昆山市。"工程完工后，将成为太湖第三条行洪通道，扩大太湖流域东排入海规模,同时增强水资源配置能力。"

疫情之下,做好重大项目建设并不容易。为保障工程的顺利建设,省水利厅协同苏州市委、市政府,扛起"建设好、管理好"吴淞江江苏段整治工程的重任,围绕把长三角一体化示范区建设成"人与自然和谐宜居"新典范的目标定位,按照一体化示范区"幸福水网"建设走在全省前列的总体安排,坚持安全第一、质量至上,精益求精、争创一流,努力把吴淞江江苏段整治工程建成经得起历史和实践检验的放心工程、精品工程、民心工程。

初夏的江南,塘浦圩田之上万物生机勃发,迎来水利建设的黄金期。在吴淞江江苏段整治工程施工现场,施工人员有序排队,开展日常测温、查码后进入施工现场。为保障项目开工,省市县三级联动、线上审批、闭环管理,推动项目开工实施。省市水利部门派负责人到现场驻点指挥调度,每日一会商,跨区域协调,重点突出问题当日解决,有效助力项目推进。根据疫情管控要求,参建各方主动对接疫情防控指挥机构,细化各项管控措施。结合区域"人、物、环境"风险,分级分类划分防控区域,设立工地出入口门岗24小时值班,强化实名制考勤登记和人员出入查验。每2天组织进行一次核酸检测,确保现场所有人员持有48小时有效核酸阴性检测报告。现场人员采取施工区和住宿区之间"两点一线"闭环管理。物料船运人员提前报备,实行不上岸闭环管理,卸完即走。施工机械全部在昆山本地范围内调度,全程可追溯。

吴淞江江苏段整治工程的开工,不仅是促进长三角一体化基础设施互联互通、提升流域防洪保安能力的重要举措,也是实现水生态环境持续改善的组合行动。近年来,一批来自长三角的干部走出各自的"一亩三分地",巡河不再分彼此,不再分岸线,而是共同

吴淞江江苏段整治工程开工现场

负责。"共同巡河，一起采水，分头检测。目的只有一个，守好绿水青山。"昆山市水务局河湖长制管理科科长焦健说。

河从苏州来，水因太湖生。围绕太湖流域，江苏不断实施水环境综合治理任务，加快推进太湖流域水利基础设施建设。"2021年，新孟河延伸拓浚工程全线通水，标志着江苏太湖流域'两进三出'引排格局的全面实现。"省水利厅规划计划处处长喻君杰介绍，包含吴淞江江苏段整治工程在内，全省新一轮太湖流域综合治理重点水利工程共11项，常熟枢纽更新改造、走马塘拓浚延伸、东太湖综合整治、太湖污染底泥生态疏浚、新沟河延伸拓浚、望虞河西岸控制等6项工程已完成，新孟河延伸拓浚工程已实现通水，环太湖大堤后续工程年内将全部完成。望虞河拓浚工程正在加快推进可行性研究报告修改完善，太浦河后续正在推进一期工程可研报告编制。

"江苏将高标准、高质量、高成效、高安全地实施吴淞江江苏段整治工程,尽早发挥工程防洪、排涝、生态、航运等综合效益,将其打造成为一体化核心区域标志性水利工程,为助力长三角一体化高质量发展做出更大贡献。"陈杰说。

一泓碧水映长空，千里淮河通大海

2022年7月30日上午，淮河入海水道二期工程开工动员会举行，北京、南京、淮安、盐城会场电子大屏同步连线。省委书记吴政隆出席并宣布淮河入海水道二期工程开工，水利部部长李国英、省长许昆林出席并讲话。

隆重的会场、火热的工地、扎着红绸整装待发的工程机械、淮河入海水道一期的鸟瞰样貌，在人们眼前切换。水利部、省委省政府、淮安市委市政府、盐城市委市政府主要领导，以及参与工程规划设计、建设管理、施工作业的近千人，通过视频连线，共同见证这个里程碑时刻。

西起洪泽湖二河闸，东至滨海扁担港，全长162.3千米的淮河入海水道二期工程在盐城境内长达96千米。淮河入海水道二期工程作为淮河流域防洪工程体系的标志性、战略性工程，是国务院确定的重大水利工程之一。"这项重大水利工程的实施，是深入贯彻习近平总书记关于淮河治理重要指示精神的重要举措，是认真落实中央关于全面加强基础设施建设决策部署的有力行动。"许昆林在南京作动员讲话时说道。

"实施这一工程，将扩大淮河下游洪水出路、打通淮河流域泄洪通道、减轻淮河干流防洪除涝压力。""对保障淮河流域人民群众生命财产安全、支撑淮河流域经济社会高质量发展具有十分重要的意义。"李国英在北京致辞时说道。

"开工!"吴政隆一声令下,淮安、盐城工程施工现场,瞬间机器轰鸣,近百台挖掘机、推土机、运输车同时作业。总投资438亿元、国务院2022年重点推进的重大水利工程——淮河入海水道二期工程,承载着淮河流域亿万人民的安澜梦想,拉开了建设帷幕。

长淮入海,挖出一条泄洪大通道。

在亚洲最大水上立交淮安水利枢纽东侧,紧邻苏北灌溉总渠北堤的河道滩地上,二期工程淮安先导段就在这里施工。

800多年前黄河夺淮,让淮河失去独立入海通道,两岸饱受水旱之灾。新中国成立以来,进一步扩大淮河下游出路,修建入海水道,成为治淮的一个关键举措。通过2003年建成投用的淮河入海水道一期工程等项目,淮河下游排洪能力扩大,但仍需要启用洪泽湖周边滞洪区,洪泽湖防洪标准才能达到100年一遇,且规模依然不够,中低水位泄流能力偏小仍是下游防洪的主要瓶颈。

根据国家标准,洪泽湖防洪标准是300年一遇。"以目前条件,如果遭遇300年一遇的洪水,最大入湖流量将超过现在总泄洪能力的41%,苏北灌溉总渠以北、白宝湖、里下河等地区将面临受淹风险,直接经济损失将达2700亿元。"淮河水利委员会规划处负责人说。

加快建设二期工程,十分必要,尤为迫切。

2022年初,水利部部长李国英在全国水利工作会议上强调,要提高河道泄洪及堤防防御能力,加快淮河下游入海水道二期等重点工程建设,保持河道畅通和河势稳定,解决平原河网地区洪水出路不畅问题。

"二期工程就是在一期工程的基础上,挖深挖宽河道,加高加固堤防,扩改建工程沿线15座枢纽建筑物,让来水走得更多、更快、更畅。"省水利厅厅长陈杰说,"工程建成后,行洪流量将从目前的2270立方米每秒提高到7000立方米每秒。洪泽湖防洪标准和调蓄能力进一步提高,洪泽湖周边滞洪区启用几率减少,苏北灌溉总渠以北地区排涝条件得到改善,中游防洪除涝压力得以减轻。"

二期工程建成后,如遇1991年、2003年、2007年等年型的洪水,洪泽湖蒋坝水位最高可以降低0.49米、蚌埠水位最高可以降低0.15米,洪泽湖13米以上水位持续时间减少10天以上,将有效减少淮河干流及入湖支流沿岸洼地的"关门淹"时间,减轻淮河中游防洪除涝压力,从而提升淮河治理的整体效益。

不仅如此,二期工程与淮河干流安徽省浮山以下段工程互为关联。二期工程开工建设,为淮河干流浮山以下段工程开工建设创造了有利条件。工程将通过开挖冯铁营引河,使淮河中游洪水就近

淮河入海水道二期工程开工淮安现场

入洪泽湖,与二期工程形成"接力",进一步减轻淮河中游洪水压力,从而确保淮北大堤防洪安全。

正是立足流域通盘考虑,从前期论证到开工建设,在水利部、省委省政府的支持推动下,淮河水利委员会、省水利厅协同推进,让历经10余年反复论证的重大水利工程最终获批立项,开工建设。

如此大规模的工程,起笔在治水,落笔在发展。

京杭大运河、苏北灌溉总渠、淮河入海水道,两横一纵,3条载入史册的人工水道,在淮安枢纽相会。二期工程完工后,结合航道建设,3条水道将实现南北、东西通航。与淮安枢纽类似,滨海枢纽是二期工程的另一个重要节点。工程改扩建完成后,淮安枢纽至滨海枢纽段将达到Ⅱ级航道标准,为淮河出海航道建设创造条件,进一步完善长江三角洲航道网布局、促进经济社会发展。

淮水安澜,融入了淮安这座古城的名字和基因。如今,淮河入海水道二期工程建设,给淮安带来了无限的发展空间。

"淮河入海水道建设是地方发展的重要引擎。"淮安市淮安区委书记颜复说,"以后扁担港就在家门口,运输方便,对产业带动都有重大基础支撑作用。期待入海水道尽快建成,通过新的港口,拉动产业布局、产品出口!"

"随着工程逐步推进,将有力支持产业链上下游企业稳生产、稳经营,发挥重大水利工程建设在助力稳定经济大盘方面的显著作用,直接带动原材料生产企业充分释放产能,促进相关生产行业的发展。预计每年还可以直接带动沿线1.22万人就业。"省水利工程建设局副局长何勇说。

淮河入海水道二期工程计划工期为7年。除与入江水道、分淮入沂水道等工程共同承泄洪泽湖以上15.8万平方千米的来水外,

淮河入海水道二期工程开工仪式盐城现场

还将兼顾渠北地区1710平方千米的排涝,为淮河下游2000万人口、3000万亩耕地提供可靠的防洪保障。工程建成后如遇300年一遇设计标准洪水,能够减少洪灾损失2470亿元,同时可避免因洪灾而引发的次生环境灾害。

在提高下游防洪标准的同时,河道还可以形成一座蓄水量约1.2亿立方米的河川水库,对改善生态环境,充分利用洪水资源,保障淮河下游地区工农业生产以及人民群众生活,都具有重要的意义。

洪泽湖二河闸、滨海县扁担港,一个是出湖关口,一个是入海出口。84个月后,162.3千米的深槽水道将再度使它们东西相连,千里淮河终将拥有完整意义上的入海大通道。

"二期工程项目在江苏、效益在全流域。我们将秉承团结治水的精神,坚持流域协同治理,加强组织实施和监督管理,科学设计工程建设运行管理体制机制,把淮河入海水道二期工程建设成为淮河流域的安全水道、江淮平原的生态绿道、苏北振兴的黄金航道。"陈杰说。

千里淮河通大海,一泓碧水映长空。未来,这条造福万千人民群众的泄洪通道、生态廊道、黄金水道将更加畅通,有效缓解淮河中游防洪除涝压力,减少洪泽湖周边滞洪区启用频次,改善苏北灌溉总渠以北地区排涝条件。

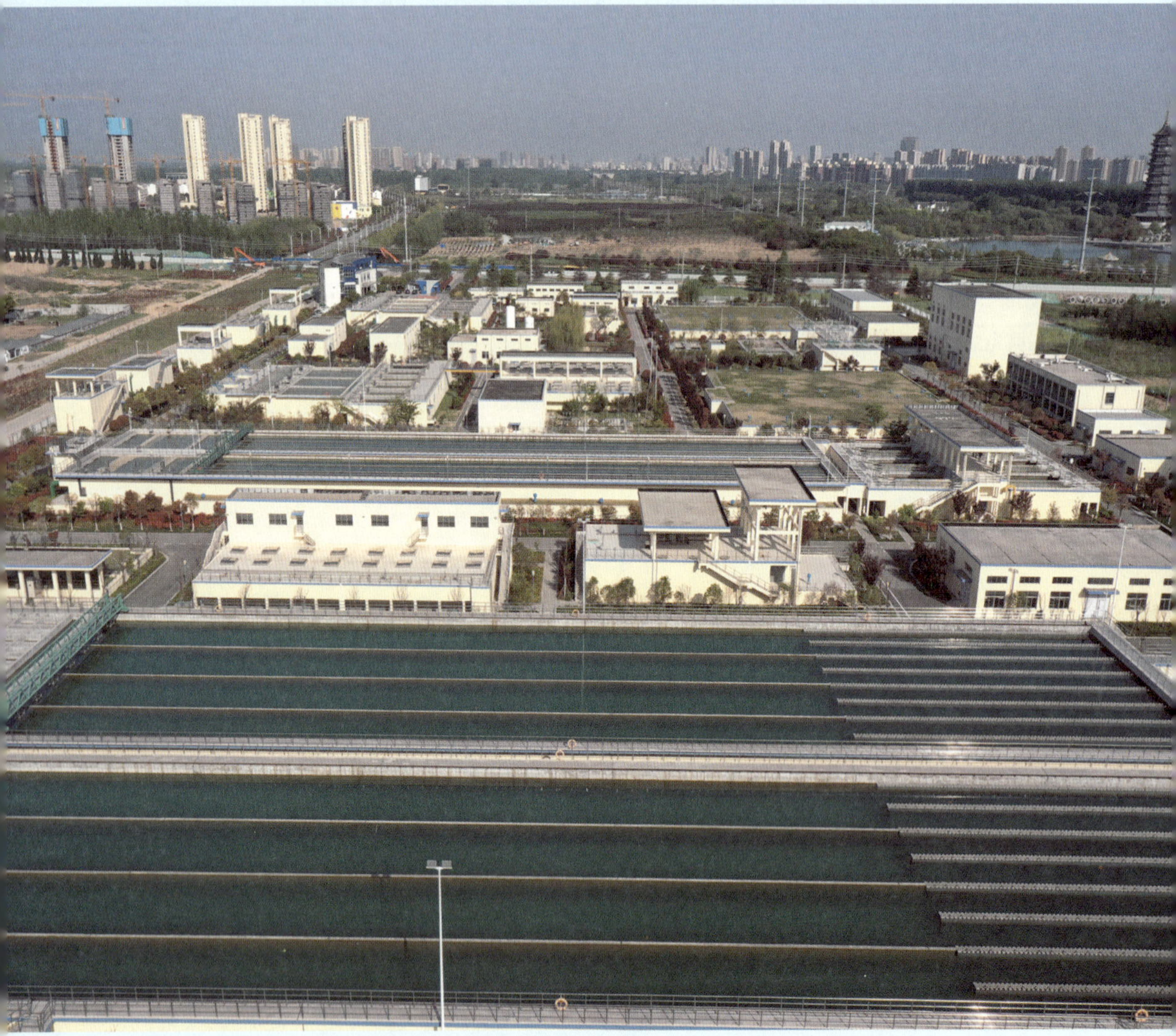

第五章
城乡百姓共饮一江水

习近平总书记要求,"决不把饮水不安全问题带入小康社会"。江苏水利坚持民生导向,把农村饮水安全作为水利工作的重中之重,大力实施农村供水保障工程,各级财政及社会资金已累计投入200多亿元,解决了3200多万农村居民的饮水不安全问题,推动农村居民从"吃水难""吃水差"到"吃好水"。2016年,省水利厅组织实施农村饮水安全巩固提升工程建设,紧紧咬定实现区域供水一体化,全面推行农村居民饮水与城区居民实现同水源、同管网、同水质、同服务。

伴随着一口口深水井被封闭、一座座现代化水厂投入使用、一张张水网进村入户,2021年6月底全面完成农村饮水安全巩固提升任务,提前半年完成年度建设任务,在全国率先基本实现城乡供水一体化,共更新改造农村供水管网7万余千米,受益人口1200余万人,全省农村区域供水入户率已达98%以上,消除了城乡居民饮用水上的差距,农村供水实现了"高品质"提升,越来越多的城乡居民体会到了用水的获得感、幸福感。

打造"一张网",城乡同饮"舒心水"

2020年6月29日,伴随着水厂总闸按钮开启,一股干净、安全的自来水,流淌进连云港市赣榆区黑林镇吴山村饮水困难群众家中,凝聚着人民心愿的民生工程——赣榆区城乡供水一体化工程正式通水。

这意味着列入江苏省"十三五"规划的农村饮水安全项目提前半年全面完成,全省农村居民饮水与城区居民实现同水源、同管网、同水质、同服务。

如今,在江苏大地上,无数个水厂通过一体化净水厂房、清水池、排水排泥池等工序,严把各个环节质量关,使得供水有条不紊,

赣榆区山村居民用上新安装的自来水

形成上下一体的质量管理网络。然而,呈现当前的局面,全面铺开一张互联互通的城乡一体供水网,对于江苏而言也并非易事。

这些年来,江苏围绕"全域覆盖、融合发展、共建共享、服务均等"的目标,一方面高标准实施农村供水保障工程,一方面因地制宜做好规划引领,推动农村供水提质增效,全省基本形成县城以上双源供水与应急备用水源地相互调配、互为补充的安全供水格局。特别对于部分丘陵山区、高亢地区、沿海、湖岛等居住分散的农户,江苏进行全面摸排,分类施策,确保供水工程全面覆盖,不漏一户,不落一人。

供水路上,一户都不能少

淮安市洪泽区岔河镇王骆殿岛自然村是白马湖中的一个传统村落,由于地处湖中,岛上没有铺设管网,包括2户贫困户在内的66户居民平时只能饮用不达标的湖水或者地下井水。漂在水上,却吃不着干净水的难题一直困扰着当地相关部门,他们也计划尝试着把岸上的水引到岛上,但需要从湖底铺设自来水管道,不仅成本高,施工难度也大。

2020年3月,洪泽区政府不计投入成本启动实施王骆殿岛自来水厂配套管网工程。该工程在湖底开挖深度1.5米的沟槽,与岸上管道进行焊接,共铺设供水主管道和备用管道约4400米;同时安装信息化智能水表,便于监测和管理。经过3个月的奋战,工程顺利完工并实现岛上通水。

为确保边远散地区全覆盖,江苏成立饮水安全攻坚组,创新思路解决村民的吃水问题。一些乡村地理位置特殊,四面环湖,一直没法接通自来水,经过与周边县区协调,成功实施跨区域供水工程。如盱眙县的自来水接入老子山镇龟山村和刘咀村，破解了困扰多年的湖区渔民饮水难题。同时，当地还投入123万元，在洪泽湖、白马湖岸边安装了19个集中智能取水点，向所有船民发放取水卡，其中，低保户每月减免5立方米饮用水水费。对年龄大、身患残疾、行动不便的渔民，"一户一策"研究制定解决方案，尽量将自来水接到住家船上。同时，为了保证渔民出湖作业时的生活用水，为渔民提供安全的桶装水，低收入渔民每月可免费领取5桶桶装饮用水。

互联网＋，高智慧管护优质水

从"吃水难"到"有水喝"，几年间，江苏不断补齐农村供水短板，农村饮水发生了翻天覆地的变化。为了将这项惠民工程落到实处，江苏各地还在不断探索供水信息化建设，农村居民实现了从"有水喝"到"喝好水"的蝶变，供水智慧化就是其中的重要手段。

在连云港，通过信息化手段搭建"智慧水务"平台，东海县城北水厂已实现从取水口到净水口24小时监控，供水主管网、增压站实时在线监测水压、用水量，农村自来水水表采用远程控制系统实现远程抄表，水源地水质数据实时传输到水厂中控室，实现监测自动化和水污染的预警预报。

在徐州，利用信息化系统可以提供从水源头到水龙头整个供水链条的水质、水量及水压的基础信息，通过GIS系统、DMA分区以及二次供水泵房智能管理和数据传输，实现供水全程数字化。邳州投资3000万元，建成了以"智慧生产、智慧管网、智慧管控、智慧客服、智慧运营中心"为核心的城乡一体化供水信息管理系统，实现了智能投加药剂、视频监控、远程控制、管网监测以及在线水费查缴、保修报漏、业务办理等功能。

江苏已实现了原水、出厂水、管网水水质和管网水量水压数据在线监测和实时传输,以及主管部门监控、水厂监控和控制单元实时监控。

清泉进万家,好水仍需呵护

在淮安市淮安区博里镇滨南村,老村支部书记周凯见证了这么多年来当地从小河边挑水到打凿吊水井,从压水井到村办自来水,再到城乡供水一体化的饮水变化全过程。这些年来,周凯一直服务基层,令他感受最深的就是:用水难、管水更难。看到如今的用水变化,老书记感慨万千,不断地重复着:"短板都补齐了,后面监管还要跟上,尤其是在供水系统中……"

清泉进万家,好水需呵护!对于老书记的观点,不少供水管理

淮安区农村供水水质化验

者均表示认同,饮水思源,更要思远,建好不是终点,管好才是重点。江苏在持续推进农村供水保障工程建设的同时,加快理顺管理体制,打通"最后一公里",全面推行市场化运作、企业化运营、专业化服务、一体化管理,基本建立了从源头到龙头的城乡供水工程规范化管理体系,进一步提升了农村供水质量和保障水平,确保长期安全运行、持续造福农民群众。

江苏76个涉农县(市、区)中,31个县(市、区)农村供水主管部门为水利部门。为了从源头保障好水质,经过多年的能力建设,江苏各县(市、区)水厂中心试验室对原水、出厂水、末梢水自检的项目和频次均能够达到《生活饮用水卫生标准》(GB 5749—2022)要求,能够承担42项常规及多项非常规指标检测,县级卫生部门每年定期对水厂水质情况检测2次。

而在管理模式方面,江苏也在不断创新,目前各县(市、区)成立供水公司或通过投融资模式引进外部大型企业进行专业化管理,如丰县有效整合城乡供水市场,成立江苏汉之源水务有限公司,实行城乡供水统一管理、统一运营,构建一体化运营体系,并且根据农村供水特点,因地制宜,组建成立5个乡镇供水分公司,按照专业化、统一化、独立化的管理模式,设立专门独立的办公场所、营业收费大厅。设立10个乡镇供水管理岗位,在公司范围内公开选聘人员上岗,切实优化了人员配置,激发了内生动力,保障农村饮水安全的长效管理,有效确保了供水质量和服务质量。

第五章　城乡百姓共饮一江水

取水井全封,优质水惠民助振兴

走入丰县沙庄村,脚下片片黄叶洒落,恍如走入油画世界,处处充满了浪漫的气息,不少来过此处的人纷纷用"乡道行尽麦田青,沙路道边观银杏。景情双双入画来,水声步步尽堪听。"的诗句来描述它的美。

沙庄村是徐州市丰县宋楼镇辛庄村所属的一个自然村,也是远近闻名的"网红村",每年都有大批游客来此游玩体验,在2022年的国庆期间,沙庄村又迎来了一波旅游的小高潮。

离家创业的李铭每年都会抽出些时间回沙庄村小住几日。当他抱着水杯悠闲地坐在民宿的院子里欣赏美景时,总会忍不住感叹:"有了放心水后,家乡变化太大了。"沙庄村曾是省定经济薄弱村,四处零落着屋架瓦房,全村共78户170余人世世代代过着面朝黄土背朝天的日子,加之当地处于江苏省最西北角,水资源匮乏,村里百业待兴,使得村民们的生活质量长期处于较低的水平。从省定经济薄弱村到"网红旅游胜地",是什么力量支撑丰县沙庄村实现跨越式质变?在李铭的旧时记忆中,或许可以找到答案。

做好减法,涵养地下水资源

2004年前村民们的生活用水及生产用水均采用地下水,面临着水源单一、地下水超采、供水基础设施落后等一系列供水问题，村民喝的都是深井水，放在太阳下面一晒，水面漂浮着一层物质，即使将水倒在壶里烧开，上面还是漂着一层黄颜色的气泡浮渣。由于含氟超标，水喝在嘴里还有涩涩的咸味，这在一定程度上影响着身体健康，很多村民出现了关节肿大的症状。而现在，家里的那口老井早已被黏土填埋，用水泥封口。代替老井上岗的是清澈的自来水，打开水龙头水流倾泻而出，溅飞的水珠落在嘴里，还带着丝丝甜味。

　　沙庄村用水改变的背后，是一场城乡供水方式的大变革。在沙庄村，井水不仅仅是生活用水来源，也是农业灌溉、工业生产的重要水源。然而长期的肆意使用，导致几十年来地下水资源消耗过大，地下水水位埋深一度降至临界线。2016年起，当地以实行最严格水资源管理制度为抓手，强化地下水水量和水位双调控，大力实施地下水井封填工作，有效防止水资源的过度开发利用。

丰县城乡供水统一调度中心

为了恢复和保护深层地下水，丰县一边开展地下水封井压采工作，对取用深层地下水井做到应封尽封，一边开展大规模以区域供水为代表的地表水源替代工程建设，以微山湖小沿河原水和大沙河水源地原水为水源，地下水为应急水源；通过管道将原水送至净水厂处理，再通过管网将清水送至城区、各镇，打通当地农村安全饮水"最后一公里"，将源源不断的清水送至千家万户，达到了城乡居民共享优质地表水的目的，全力筑牢饮水安全基础。徐州市累计完成封井1469眼，年压采地下水开采量1.98亿立方米，压采后全市深层地下水平均埋深由17.09米上升至13.82米，水位上升了3.27米，年均上升0.55米。

好水加持，为乡村产业注入源动力

水是万物之源，好水也喝出了甜日子。喝上自来水后，不仅村民的身体更健康了，他们的生活也比原来富裕了。同时，饮水之变，也折射出令人欣喜的民生变迁，源源不断的清澈自来水唤醒了沙庄村这片沉睡的土地，沙庄村人开始思索如何利用现有资源，使其发挥最大效益改变村貌与村集体经济。

2018年11月，丰县地表水厂正式通水运营，实现了从使用地下水向地表水的转换，建立了一体化的城乡供水网络格局。也就是说，不仅沙庄村，周边村民的饮水安全都得到了良好的保护。为最大力度地破解农村供水"最后一公里"，丰县累计投资10900万元，涉及欢口、师寨、孙楼、首羡、王沟等14镇（街道）176村，铺设供水管网约218.43万米，惠及农村用水户约14.54万户。

如今，沙庄村的村民和城区居民享受"喝水"的同等待遇，避免了地下水过量开采、供水工程重复建设和水资源大量浪费，也为乡村振兴构筑了一道安全可靠的"水屏障"。2020年初,有了城乡供水一体化工程的加持,沙庄村的村民们产生了打造特色田园旅游乡村的想法,大力发展乡村特色旅游,大伙在确定了"从打造的可行性到具体实施方案,再到未来的发展前景"的详细规划后,在保存村庄原有风貌的基础上,对村内道路、环境、村居外立面进行了改造,建起了文化大院、沙庄会客厅,收购部分村民的房屋改造成餐饮、民宿等旅游必备的要素设施。

为了让"进得来"的游客"留得住",沙庄村村民们开发以"吃农家饭、看田园景"为特色的"农家乐"休闲旅游线路。每年海棠花开、银杏树黄的季节,一辆辆满载游客的轿车排着队行驶在宽阔的乡村大道上,蔚为壮观。村民们保守测算了一下,2022年秋季2个月的时间,沙庄村接待游客超过了30万人次。

水源置换,与氟超标说再见

农村饮水安全是重要的民生工程,是群众最关心、最直接、最现实的利益问题。解决群众"急难愁盼"问题,是江苏水利始终"放在心头"的一件大事。

沙庄村只是近年以来江苏下大力气解决农村饮水安全问题的一个缩影。"十二五"期间,江苏列入国家规划拟消减的农村居民饮水不安全人口有589.43万人,其中饮用氟超标水人口为80.83万人,饮用苦咸水人口134.82万人,其他饮水不安全人口373.78万人,规划新建集中式供水工程811处;另外规划解决1452所江苏省农村学校的饮水不安全问题,涉及饮水不安全师生数113万人。

仅5年的时间,通过对取用深层地下水井做到应封尽封,拧紧了地下水的控制"阀门",系统推进地下水超采综合治理、强化地下水取水总量和水位双控,江苏地下水水位稳定回升,超红线区域全面消失,地下水生态环境明显改善。丰县、沛县、邳州等地通过区域供水地表水水源置换、配备专门氟处理设备等方式,开展了饮水型氟超标专项治理,2019年,江苏彻底解决了全省10.22万人饮水型氟超标问题。

小水厂全关，活水润泽千家万户

淮安市淮安区位于苏北腹地，淮河下游，地处京杭大运河、淮河入海水道和苏北灌溉总渠交汇处，素有"洪水走廊"之称，境内地势平坦，总人口118万人，农村人口97.03万人。较长一段时期，淮安区农村饮用水通过地下水井供给，供水设施简陋、缺少净化设备，管网老化漏损严重，分时段供水二次污染事件多，水质难以保障，个人小水厂供水服务不规范，维修滞后、乱收费等问题突出，严重影响群众的身体健康和生产生活。因此，村民们一年四季都要忙着往家里存水，水缸、水桶是村里老人关于用水的记忆。

民以食为天，食以水为先。当"吃上与城里一样的自来水"，成为农村居民最关心、最迫切、最期盼的需求后，淮安区累计投资16亿元，完成新建白马湖水厂1座，铺设一级管网296千米，建设一、二级供水增压泵站23座，处置农村小水厂343处。2021年白马湖水厂二期扩建工程开始供水，每天新增供水规模8万立方米。区域供水乡镇覆盖率、入户率达100%。如今，站在淮安区的大街小巷，目之所及，家家户户都用上了舒心的自来水。

农村饮水安全是全面打赢脱贫攻坚战的重要内容，为了让广大农民群众喝上安全水、放心水、幸福水，江苏大力推进城乡供水一体化，全面关停并购农村小水厂，对规模偏小、标准较低的农村水厂（千吨万人以下）予以回购。近5年来，江苏先后关停了132座规

第五章　城乡百姓共饮一江水

模偏小、标准较低的农村小水厂,原供水管网进行升级改造并与区域供水进行衔接,实现并网供水,困扰地方多年的农村小水厂供水保证率低、水质不达标的问题得以全面解决。

饮水惠民生,用水不再难

清晨,盐城市阜宁县外口村村民王淑荣起床后,着手为家人提前准备一日三餐。在她看来,在厨房里的任何事都离不开水。看到

淮安市淮安区白马湖自来水厂

水龙头里哗哗流出的水,王淑荣介绍道,以前用的水都来自村里的小水厂,吃够了没水用的苦。村里供水时间经常调整,有时冬季供水时间是凌晨5点,到了夏季,停水时间可能是晚上10点。为了储备水,家里离不开人,多年来,一家四口人都没一起出门过。

原来,曾经小水厂几乎覆盖了盐城市所有的镇村,村民们的日常用水都由村镇小水厂直接抽取地下水,每天定时供水给农户们,供水时间很短,仅4小时左右,由于供水量严重不足,处于供水末端的农户经常因为吃不上水而着急。小水厂抽取的地下水不仅量少,且水压较小,农户家中的太阳能、洗衣机等家用电器几乎无法正常使用,为此,不少农户家都安装了小水泵。

为了让农村居民吃上放心水,改制镇村小水厂迫在眉睫,盐城市水利局将解决农村饮水安全问题列在任务栏里的首要位置。盐城市水利局积极推进小水厂改制,在既保障广大农户的利益,也兼顾小水厂经营者切身利益的基础上,由各县水务局同小水厂经营者进行商谈,使他们理解党和政府的决策,全力支持区域供水工作。对条件成熟的小水厂,采取"谈妥一个、回购一个、一次性资金兑付到位一个"的方式,做到彻底改、改彻底。

董甫亮是原阜宁县合利镇区中心水厂的经营者,多年后当他回忆小水厂被关闭的那一幕,仍有诸多不舍。他介绍,当时知晓运行了30年的小水厂面临关闭,自己的眼里噙着泪花,但他深知地下水带来的不良影响,他毅然决然地支持实施城乡供水一体化工程。老董坦诚,镇区中心水厂原本设备与管网设计寿命仅为20年,如今已经超负荷运行了近10年,设备几乎要报废了,若持续运行下去,存在一定的安全隐患,不如从源头扼制危机的出现。

第五章　城乡百姓共饮一江水

小水厂谢幕，新水厂奔腾向远方

当小水厂被一一淘汰，一座座设备先进的现代化水厂如雨后春笋般涌现出来，位于淮安区严星村的白马湖水厂就是其中之一。这座占地面积105亩的现代化水厂，建成于2016年，日供水能力5万吨，供水范围覆盖淮安区、苏淮高新区和省属白马湖农场，受益人口74.5万人，区域供水入户率100%。2020年淮安区白马湖水厂荣获"全国首批农村供水规范化水厂"称号。

白马湖水厂取水水源定为京杭大运河，备用水源为白马湖，取水口位于淮安水利枢纽下游8.9千米右岸。同时为保持水源地，对大运河沿线码头货场进行专项整治，累计整治货场码头22处，取缔渡口10个，搬迁拆除房屋1.8万多平方米，并完成水源地一级保护区东堤水源涵养工程建议。为保障供水能力，淮安区又投入3.4亿元实施区域供水二期工程，建设白马湖水厂二期扩建工程和跨越灌溉总渠的清水管网互通工程，实现全区统筹供水，彻底解决了居民用水高峰期供水压力不足的矛盾，提高了供水保障能力。

提起新建造的地面水厂，就不得不提被人们誉为"民生样本"的连云港市赣榆区莒城湖水厂。为让赣榆区120万城乡居民喝上了"干净水、放心水、稳定水"，2019年初，当地投入4.158亿元启动莒城湖水厂建设，2020年4月28日达到正式通水条件，提前完成建设目标，也使全省超前半年在全国率先实现城乡供水一体化。2021年12月14日，从中国建筑业协会传出喜讯，区莒城湖水厂项目荣获2020至2021年度中国建设工程鲁班奖（国家优质工程），成为江苏省获得的第一个水厂类"鲁班奖"。与此同时，由于莒城湖水厂的建成，推动了赣榆区98处小水厂关停51处，完成管网铺设

093

任务超年度计划的70%，让城乡居民饮用水安全成为现实。

位于淮安市盱眙县河桥镇大莲湖村的淮河河桥水源厂，也是当地农村饮水安全工程中一个的重要环节，为保证水质，取水头部位于盱眙水位站上游约14.5千米处，采用箱式取水头部从淮河主槽内取水，经县第二水厂净化处理后，每天20万立方米的清流满足了全县居民高质量用水需求。此外，盱眙县还围绕"同源、同网、同质、同价"目标，计划全面实现城乡供水一体化及基本实现供水一体化管护。先后完成粤海水厂至宁淮、马坝、河桥、桂五四条供水一体化主管网建设，同时还对4条供水一体化主管网向天泉湖镇、黄花塘镇老黄花塘片区、河桥镇仇集片区进行延伸，初步形成了全县城乡一体化供水格局。

补齐短板，锻造优质水生活

近年来，江苏的农村饮水安全工程其实一直处于攻坚克难阶段。2004年农村饮水安全工程启动，到2013年解决了1776万人的饮水安全问题，但仍有近1500万人处于饮水不安全的状况。2016年，江苏实施农村饮水安全巩固提升工程，对农村供水工程设施进行巩固提升，全面提高农村饮水安全保障水平。

2019年，省委、省政府印发《关于决胜高水平全面建成小康社会补短板强弱项的若干措施》《苏北地区农村饮水安全巩固提升行动方案》，全面加快苏北地区农村饮水安全巩固提升工程建设，从水源达标、水厂提标、管网改造、运行服务等方面加快推进农村供水保障工程建设。"十三五"以来，江苏累计投入资金97.1亿元，关停小水厂132座，新改建水厂18座，更新改造供水管网8.56万千米，在全国率先基本实现了"同水源、同管网、同水质、同服务"的城乡供水一体化目标，全省农村区域供水入户率已达98%以上，农村供水保证率达95%以上，江苏把农村供水工程建成了润泽千家万户的幸福工程。

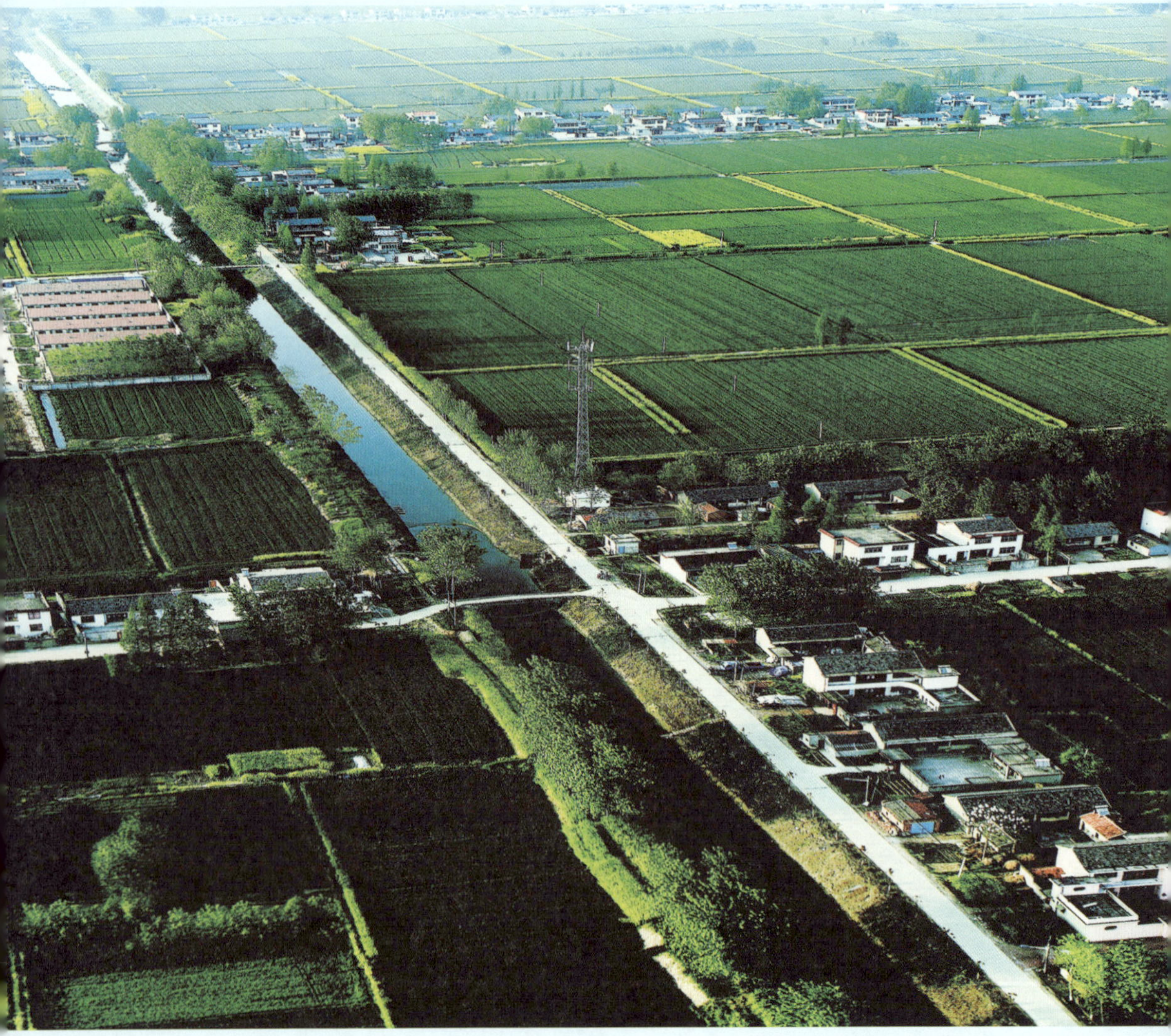

第六章
现代灌区助粮食丰收

农业稳，天下安。习近平总书记多次强调，稳住农业基本盘、守好"三农"基础，是应变局、开新局的"压舱石"。水利是农业的命脉，灌区工程是农田灌溉排水的骨干网，是保障粮食安全的生命线和主战场。江苏全省共建有大型灌区34处、中型灌区279处，总设计灌溉面积4517万亩，占全省耕地面积的70%以上。经过多年的建设，先后解决了一系列"病危险重""卡脖子"的关键问题，特别是党的十九大以来，大中型灌区现代化改造全面提速，基本建成了较为完善的灌排工程体系，达到了"灌得上、排得出、降得下"的要求，为全省粮食实现连续五年增产、农民持续增收奠定了坚实的基础。

汩汩活水灌溉乡村振兴良田

稻田里，黄澄澄的稻谷随着秋风翻起金波，饱满的谷穗散发着迷人的香气，一台台正在田里来回穿梭的农机唱着欢歌，将沉甸甸的稻穗揽入"怀中"……又是一年丰收时节，硕果累累的别样景致在江苏大地上绘出一幅美到极致的秋收画卷。

都说，多收少收在于肥，有收无收在于水。在影响粮食生产的诸多要素中，水的增产效用最为突出，其对粮食生产的贡献率达40%以上。而灌区，作为粮食生产的中流砥柱，一头连着国家粮仓，一头连着百姓生计。在江苏10余万平方千米的广袤大地上，灌区星罗棋

南京市江宁区周岗圩灌区

布,形成了较为完善的农田灌排体系,灌溉用水效率和效益大幅度提高,保障了江苏粮食安全及主要农产品供给、农民持续增收、现代农业发展和水资源可持续利用。

江苏各级水利部门围绕保障粮食安全,服务乡村振兴,推动水利高质量发展走在全国前列的目标,让灌区成为粮食安全稳产的主力军,助力了全省粮食产量连续8年超700亿斤,把牢了江苏"新鱼米之乡"的粮食安全命脉,打造了"节水高效、设施完善、管理科学、生态良好"现代化灌区的江苏样板。

清晨,灿烂的阳光从疏疏密密的树叶缝隙间射进宿迁市宿豫区曹集乡,一束束粗粗细细的光柱把村右侧的那条碧波荡漾的灌溉渠照得更加通亮,越过渠道放眼望去,近万亩的水稻田里,一垄垄长势喜人的稻谷犹如整齐划一的金色方阵。看着稻穗在田野里随风起伏,村民李福佑心里有满满的幸福感。他介绍,这片区域属于来龙灌区,自己是当地的水稻种植专业户,几十年来,他与来龙灌区的26.44万名农业人口一样,傍渠而居,以水灌田,见证着来龙灌区的点滴变化。特别是近十年来,这里沟渠纵横,沃野千里,水利建设持续发力,实现了高效节水灌溉,推动了特色农业迅速发展,使其成为"拔穷根的利器"。

站在来龙灌区二干渠一支渠首闸,李福佑眺望远方,提起过去的种植经历不堪回首,"以前我们这儿农民祖祖辈辈都是靠天吃饭。我家有30亩(2公顷)地,要是出现干旱,忙活一年只能收回本钱。"原来,曾经村附近的来龙灌区二干渠,渠道破旧淤塞,不少处于灌溉渠末端的耕地,很难喝到水、喝饱水。即使处于前端,渠道灌溉100亩(6.7公顷)水稻最少要2天,提水灌溉不及时导致粮食减产的事情时有发生,不少村民为了补贴家用不得不外出打工挣钱。

来龙灌区，位于宿迁市宿豫区东部，灌区总面积109.75万亩（7.3万公顷），其中，耕地面积58.99万亩（3.9万公顷），设计灌溉面积52.5万亩（3.5万公顷）。作为提水灌区，承担着保证淮河下游地区，包括宿豫城区以及10个乡（镇、街道）重要农产品生产基地生产生活用水的重任。针对灌区灌溉排水标准偏低、渠系输配水能力不足、田间工程不适应产业结构调整要求、灌溉水利用系数低等突出问题，近年来，来龙灌区先后投入资金4.4亿元，实施了14期灌区改造项目，完成骨干渠道衬砌整治182.17千米、田间渠道衬砌820千米，疏浚排涝沟河216.48千米，完成建设配套建筑物1166座，共新增或恢复有效灌溉面积1.8万亩（0.12万公顷），改善灌溉面积45.1万亩（3万公顷），灌溉保证率达到75%，农田排涝标准达到5年一遇以上水平，灌区灌排保障能力和抵御灾害能力显著提升，农业生产条件得到有效改善，农民牢牢端稳了手中的饭碗。

宿迁市来龙灌区一分干渠

2020年3月，来龙灌区又被纳入"十四五"全国大型灌区改造范围，计划总投资3.6亿元，围绕"一核、两脉、三片区"总体布局，建设从服务水美乡村、构建和谐水城等方面出发，以"恢复沟渠水生态系统"为核心，重点开展水生态治理，重构自然和谐的水生态系统；结合灌区未来集聚提升、城郊融合、特色保护三类村庄及主要公路航道规划，配合各项水生态治理措施，重点打造生态湿地和沟渠植被恢复点，将极大地提升来龙灌区范围内的生态环境和人居环境水平，形成"美丽乡村以点带面、板块提升从线到片、生态走廊贯穿全区"的水生态格局。项目实施后，预期灌区灌溉保证率达到85%，恢复灌溉面积5.2万亩（0.35万公顷），有效灌溉面积达到53.1万亩（3.54万公顷）；新增节水灌溉面积5.14万亩（0.34万公顷），节水灌溉面积达到40万亩（2.67万公顷）以上，其中，新增高效节水灌溉面积3.5万亩（0.23万公顷）；水利工程防洪标准达到20年一遇，排涝标准达到10年一遇以上，渍害基本消除；灌排骨干工程配套率和完好率在95%以上，灌溉水利用系数提高到0.614以上。

来龙灌区的变迁，只是江苏省大中型灌区现代化建设的一个缩影。至"十三五"末，全省共投资85.99亿元，先后完成了34批次、312期大型灌区续建配套与节水改造项目，累计改造干渠1381千米，支渠2984千米，斗渠4739千米，渠系建筑物3.3万座，改造后的大型灌区建筑物完好率平均提高20个百分点，配套率平均提高25个百分点，灌溉水利用系数由0.50提高到0.57，灌溉保证率由改造前的65%提高到改造后的80%左右，排涝标准由改造前的3~5年一遇提高到5~10年一遇。投资109.59亿元，完成了20批次重点中型灌区改造项目，共改建渠首工程1892座，新建及改造灌溉渠道1.53万千米，中型灌区累计恢复灌溉面积144.89万亩（9.66万公顷），新增灌溉面积79.58万亩（5.31万公顷），改善灌溉面积749.75万亩（50万公顷），年新增节水能力5.3亿立方米，新增粮食生产能力4.3亿千克，建筑物完好率平均提高20个百分点，配套率平均提高25个百分点，灌溉水利用系数提高到0.58，灌溉保证率由改造前的65%提高到改造后的80%左右，骨干灌排设施排涝标准由改造前的3~5年一遇提高到5~10年一遇。经过多年持续的配套改造，解决了一系列"病险、卡脖子"等关键问题，全省大中型灌区已形成较为完善的灌排工程体系，基本达到了"灌得上、排得出、降得下"的总体要求，粮食生产水利保障能力得到显著提升。

"十四五"期间，继续以提高农业综合生产能力为核心，以保障粮食安全、改善农业生产条件和生态环境为目标，按照"以人为本、服务民生；节水优先、高效利用；人水和谐、绿色发展；统筹兼顾、系统治理；深化改革、科学管水；统一规划、分步实施"的原则，全面加快大中型灌区现代化建设步伐，着力构建配套完善的农田灌排工程体系、规范高效的管理服务体系、先进实用的运行管理体系以及人水和谐的生态环境保护体系，力争到2025年，大型灌区灌溉设计保证率达到85%，骨干渠系工程配套率、完好率达到90%，信息化覆盖率达到80%，灌溉水利用系数达到0.59；中型灌区灌溉设计保证率达85%以上，骨干渠系工程配套率、完好率达90%以上，灌区灌溉水利用系数达到0.63以上，努力把大中型灌区建设成为国家粮食安全的保障区、农民生产生活的幸福区、农村经济发展的核心区。

古老灌区注入现代技术灵魂

2021年11月,国际灌溉排水委员会第七十二届执行理事会上传来消息,"里运河—高邮灌区"入选2021年(第八批)世界灌溉工程遗产名录,成为江苏首个世界灌溉工程遗产。

提起江苏的灌区,"里运河—高邮灌区"是个绕不开的话题。近年来,高邮灌区依托河湖资源优势,深挖人文底蕴,以建设"现代化节水生态型灌区"为目标,大力实施水利设施现代化改造,积极推进灌溉工程遗产保护和利用,不断完善灌溉用水管理制度,积极打造用水服务品牌,进一步彰显其世界灌溉工程遗产独特的功能和价值,实现了灌区+农业、灌区+生态、灌区+智慧的新发展形势。

擦亮世遗金字招牌,彰显灌区历史文化价值

站在高邮运河西堤上,饱览这一世界灌溉工程遗产,西侧高邮湖,船只点缀着烟波浩渺的湖面,回望东侧京杭大运河,南来北往的货船络绎不绝,不禁让人发觉高邮灌区之所以申遗成功,是由于其根植于高邮悠久灿烂的农耕灌溉文化。

在追溯高邮的灌溉历史时,可以发现其肇始时间可以精确到公元811年,距今已1200多年,其灌溉工程是我国古代巧妙利用

河湖水系进行农事活动的典范工程,且在唐、宋、明、清高邮州志(县志)均有利用水利工程抵御淮河洪水及引用大运河水源进行灌溉的记载。历史上,里运河—高邮灌区经长期建设发展,灌、排、挡、降工程体系之健全精巧,领先于其时代。这一水工遗产的工程布局以"湖""河""田"为灌溉水的三级载体,以"闸""洞""关""坝"为灌溉水输水通道,以"干""支""斗"三级渠系为灌溉配水的终端,形成了蓄水、调水、漕运、配水、减水,最后形成完善的灌溉体系。

按照申遗标准,申报的灌溉工程必须历史悠久,至少在100年以上,且至今仍在沿用。平津堰、南水关洞、南关坝、子婴闸等堰、坝、闸水工设施遗产点保存完好。其中,平津堰遗址现为世界遗产、全国重点文物保护单位;子婴闸、界首小闸、南水关洞、琵琶洞和车逻闸虽经过历次修建,但主体结构洞身以下均保存完好,一直沿用至今。如今,高邮灌区引里运河水自流灌溉,有效灌溉面积50.46万亩(3.4万公顷),有主引水干渠105.8千米、支渠431.2千米、斗渠2598千米,自西向东共有三大功能区,分别是高邮湖、里运河、灌区。高邮湖与里运河间有西堤三闸,里运河与灌区间有归海五坝、南水关、东堤六闸九洞,由此形成一个完善的灌溉调配体系,通过运堤的水闸、水关、水洞,让水在湖、河、田之间自由发挥作用,实现高邮湖蓄水、西堤三闸调水、东堤六闸九洞配水功能,最终达到灌溉目的。

健全精巧的里运河—高邮灌区,为高邮农业发展、粮食增产作出了重要贡献。从运河沿线老百姓引运河水零星灌溉,到后来大兴水利,延伸灌溉骨干渠道,高邮灌区灌溉面积也从最初的几万亩发展到最高峰时的63万亩(4.2万公顷),成了真正的里下河地区的粮仓。同时,高邮湖—里运河—高邮灌区是完美的湿地农业系统。

不仅有天赋的自然美,丰富的浅滩湿地为各种鱼鸟和水生植物的生长、栖息、繁衍提供了得天独厚的生态环境,其中已知野生动植物达500多种,鸟类就有40科194种,还有人为的"复合美","稻鸭共作"这种立体种养复合生态不仅经济高效,更完美地诠释"天人合一"的传统农耕思想。

千里运河文脉悠悠,千年灌区奔流不息,滋润着两岸肥沃的土地,养育着勤劳的高邮人民。为擦亮灌区世遗金字招牌,助推大运河文化带建设走在前列,打造传承样板,实现从"延续"到"提升"的转变,高邮科学划定里运河—高邮灌区灌溉设施及其伴生的历史文化遗存的管理范围和保护范围,实施灌区改善保护提升工程,不断加强遗产的整理与保护力度,向世界展现平津堰、南北水关、南关坝、子婴闸、界首小闸、琵琶洞、车逻闸等世遗魅力。同时,通过融合发展,结合乡村振兴、文旅融合、水工教育,实现从"量变"到"质变"的转变,在粮食安全、水环境改善、乡村面貌改善、农田水利设施保障水平提升等方面协同发力,并且利用全域旅游理念打造大运河文化带上独具特色的水工文化园,从而建设全国现代化样板灌区。

创新增添发展活力,世遗工程插上科技翅膀

里运河—高邮灌区在汲取前人智慧的基础上,如今也插上了"科技的翅膀",开始利用现代科技引领灌区发展,通过信息化手段,提供公平、可靠、灵活的灌溉供水服务,切实打通水利惠民"最后一公里"。

每年农事灌溉的时节,高邮市车逻镇种植户黄明新总会隔三差五地带着手机到村口的渠首前看一看,顺道利用微信扫描墙壁上张贴的二维码,随后渠道放水的准确时间便在手机上显示,何时开

闸、何时关闸等信息一目了然。

原来,随着物联网、大数据、人工智能等新兴信息技术的迅速发展和深入应用,为数字灌区、智慧灌区的建设奠定了基础。高邮灌区复杂的供水系统依靠过去人工经验管理很难实现水资源的优化配置和高效利用,迫切需要通过应用信息化、数字化、智能化和自动化技术提升灌区管理能力和水平。

2018年起,江苏率先启动"灌区管理一张图"建设,建成省、市、县和灌区管理机构四级互联共享、分级使用的智慧灌区信息管理系统,坚持数字管理网络与骨干工程体系同步设计、同步建设,加快推动信息技术与大中型灌区管理深度融合,基本做到了灌区可视化综合集中展示、水工情要素信息在线监测分析以及业务智能化管理。2020年,省水利厅在全国率先建成了"江苏省智慧大型灌区平台系统",通过高科技手段优化农业灌排,加快推进全省灌区现代化改造。

世界灌溉工程遗产"里运河 — 高邮灌区"

里运河—高邮灌区，建成了智慧灌区平台，集成"可视化集中展示、灌区管理一张图、综合业务管理、移动智能终端"4个模块，初步实现了灌区水情工情可读、场景可视、水量可测、设施可遥控、资源可调度等功能。在高邮灌区指挥调度中心，通过遥控监测系统，实时了解灌区各主要渠道泵站水位、开机状况、供水流量等情况，并可直接发出供水调控指令。实现微信二维码扫一扫，老百姓"用水早知道"。同时，还可通过移动终端随时随地进行信息查询、信息处理、信息反馈，不断提高管理效率，进一步提升广大人民群众的获得感、幸福感。为努力打造示范灌区高邮样本，里运河—高邮灌区还将在现有智慧灌区平台的基础上，不断延伸扩展数字化、多元化建设，逐步建立全灌区的信息立体感知体系。同时，按照数字孪生工程顶层设计要求，开展数字孪生灌区总体设计，建设灌区共享数据底板，完善灌区配水调度模型，引入人工智能辅助决策支持，通过增强现实同步仿真展示，实现灌区管理业务场景化模拟、预演和运行。

建管并重打造节水高效灌区

2022年初,水利部、国家发展改革委公布了第二批灌区水效领跑者名单,全国共有15个灌区获此殊荣,南京市六合区龙袍圩灌区高邮灌区榜上有名。

始建于20世纪60年代的龙袍圩灌区位于南京六合区龙袍街道,南邻长江,东、北至滁河,西至划子口,属于典型的圩区型灌区,灌区现状总面积65.2平方千米,设计灌溉面积4.19万亩(0.28万公顷),有效灌溉面积4.19万亩(0.28万公顷),为一般中型灌区。灌区防洪、除涝和灌溉工程体系基本建成,粮食作物结构占比92%,是六合区粮食及农副产品主要生产基地。灌区以"节水优先、开源节流、因水制宜、量水而行"为总体发展思路,以灌排工程建设为载体,加大节水工程建设力度,配套完善计量设施,提升信息化支撑能力,探索建立了"投、调、改、管、宣"为主要特色的"五策共举"的现代化节水型生态灌区运管模式,走出了一条农业节水增效、工程运行良好、灌区可持续发展的新路子。

节水优先,工程效应持续放大

秋收季节即将来临,南京市六合区龙袍街道赵坝村,1200多亩(80多公顷)连片的标准田块一字铺开。地上,4座智能泵站可手机一键操作开关闸;地下,高效节水地下管道 2 天即可完成千亩灌溉。大型喷灌机组在田间挥洒出道道彩虹,田野里原来只出现在"科技大棚"的膜下滴灌技术方兴未艾,农民告别了"小白龙"式的漫灌,用上了新科技。曾经灌溉时,大伙骑着车带着笨重的水泵出门,拖着几十米长水管在田埂上四处奔跑,遇到地势低的土地,水很快就漫出来了,而地势高的田块还滴水未进,如今周边农民喜滋滋地说:再也不用愁旱涝了。

在大中型灌区续建配套与现代化改造工程实施中,江苏将节水与生态保护理念贯穿灌区改造全过程,将信息化、自动化等现代技术应用于灌区改造各环节,稳步推进规模化及绿色一体化精准灌溉技术,聚焦生态沟渠示范推广,结合农村人居环境整治和美丽乡村建设,大力开展农村生态河道建设,高起点建设生态灌区。

龙袍圩灌区从根源治理上挖掘高效用水潜力,平稳生产生态,提升用水效率,基本建成较为完备的节水工程体系。对历经 50 余年的灌区进行配套建设与改造,灌区累计完成投资 1.13 亿元,基本建成"挡得住、排得出、灌得上、降得下、能控制"的防洪、除涝和灌溉工程体系;现有泵站 55 座,河道 39 条 137.5 千米,渠道及沟 611 条 537 千米,灌排合一、行水高效。灌溉时,以长江、滁河为水源,通过涵洞放水及灌溉泵站提水,经农场中心渠、杨庄渠等渠道,进入农渠进行灌溉;排水时,通过农沟系统排水至相应排水斗沟(即斗渠)、支沟(即支渠),最终排水至长江、滁河、划子口。灌区发展节水灌溉面积 3.35 万亩(0.22 万公顷),完成混凝土衬砌整治 27.6 千米,另建有低压灌溉管道 5.2 千米、一体化泵站 16 座,斗渠以上建筑物配套率 100%。

依托一系列的工程建设,龙袍圩灌区基本建成"挡得住、排

南京市六合区龙袍圩灌区高标准农田

得出、灌得上、降得下、能控制"的工程体系,特别是节水效益十分突出。近两年,灌区改建渠首工程4座,新建灌溉渠道2.4千米,改造灌溉渠道2.08千米,改造排水沟7.05千米,改造渠沟道建筑物38座,有效改善灌溉面积1.2万亩(0.08万公顷),灌区一次灌溉周期缩短1~2天,灌溉设计保证率达到90%,灌溉水利用系数提高到了0.674,年新增节水能力18万立方米。

精准发力，节水意识深入人心

解决农田灌溉"最后一公里"的难题，只靠工程建设还不够。随着工程建设完成，龙袍圩灌区管理也开始同步进行。为了提高用水效率，从根源上杜绝水资源浪费，灌区在运行中始终坚持建管并重原则，不仅明确了工程运行管理主体，还出台了《农业节水奖励基金筹集、使用与管理办法》《农业用水价格核定管理试行办法》等一系列供水、节水管理规范性文件，严格用水计划管理，建立健全农业用水总量控制体系，加强农业用水计量，"制度约束、考核挂钩"，明确用水纪律，层层落实用水管理责任，倡导"谁受益、谁管理，谁使用、谁维护"，管理模式以直接管理为主，兼以少量的转让、承包、租赁。

为推行规范化管理，实现灌区供用水井然有序，龙袍圩灌区还出台了《龙袍圩灌区标准化规范化管理实施细则》，从灌区管理机构设置、组织管理、安全管理、工程管理、供用水管理、经济管理等方面，提出明确要求，落实保障措施。龙袍圩灌区管理所每年均制定职工技能提升计划，加强学习和培训，不断提升人员素质。灌区防汛抗旱储备物资充足，落实专人管理；管理场所环境干净整洁，职工办公和生活条件舒适；岗位职责、调度运行、检测养护等重要制度及操作规程上墙；骨干渠道及主要建筑物环境干净整洁，无淤积，渠堤道路和交通桥状况良好；工程管理标志、标牌齐全、醒目，内容规范；重要工程设施禁止事项和安全警告标志等设置到位。

为实现精准管护，龙袍圩灌区成立了用水户协会，依法对农田水利工程进行管理，管理范围实现灌区全覆盖。每年灌溉前，六合区水利局、灌区管理所均指导用水户协会组织召开用水户代表会议,详细制定渠系维护方案、水费预收办法等对照执行到位。同时,针对工程在灌溉期间出现的问题,组织协会精心维修养护,让用水户实现从"要我节水"到"我要节水"的转变。

久久为功,水价改革持续深化

在结合灌区工程改造建设、大力推进标准化规范化管理的同时,龙袍圩灌区农业水价综合改革也在探索中创新推进,而创新的模式也在让每一方水产出最大效益。

"放水快、用水方便、水价合理,水价改革确实是为我们农民办了件大好事。""我家应交水费为315.94元,减去用水补贴,实交248元。""水价综合改革是真正惠及农民的实事。"提起农业水价综合改革后带来的便利,龙袍街道赵坝村的居民如同打开了话匣子。

2016年1月,国务院出台《关于推进农业水价综合改革的意见》后,江苏率先制定改革实施方案,龙袍圩灌区借助农业水价综合改革契机,制定了节水高效的农作灌溉制度,每年初即下达农业用水定额,同时根据本年度天气预测,下发水稻灌溉制度表,并及时调整,严控灌区用水,为灌区农业节水提供助力。通过全面实施"两部制"水价改革措施,灌区坚持以水定产、以水定地,全面转变供水管理方式,实现科学管水、高效用水,不断完善灌区管理制度,创新灌区管护模式,坚决杜绝水资源浪费。

为了让用水户实现用水有数,龙袍圩灌区实行标准计量,建有灌溉渠道总长度45千米,其中混凝土衬砌整治长度27.6千米,另建有低压灌溉管道5.2千米。目前灌区已基本实现用水计量全覆盖,计量设施形式多样、分布广泛,取水斗口以上计量率达到100%,基本

第六章 现代灌区助粮食丰收

实现按分户进行计量,且规范台账管理,并录入灌区信息管理系统。

江苏认真贯彻落实党中央、国务院和国家有关部委关于农业水价综合改革的决策部署,围绕促进农业节约用水、保障工程良性运行两大目标,以完善农田水利工程体系为基础,以健全农业水价形成机制为核心,以创新体制机制为动力,全域推进农业水价综合

泰州市姜堰区周山河灌区

改革工作，至2020年底在全国率先基本完成了改革任务，累计完成应改面积5437万亩（362.5万公顷），实现了改革面积、计量措施、工程产权、管护组织"四个全覆盖"。改革后，苏北地区农业水价为0.080至0.171元每立方米，折合每亩43.20至92.67元；苏中地区农业水价为0.086至0.157元每立方米，折合每亩49.69至86.29元；苏南地区农业水价为0.087至0.104元每立方米，折合每亩50.0至80.0元。2019年实现农业节水20.03亿立方米，2020年实现农业节水22.34亿立方米，全省灌溉水有效利用系数从2016年的0.605提高至2020年的0.618，在全国率先出台了农村水利条例，全省182万余处农村水利工程基本明晰了工程产权，确立了管护主体和责任，以乡镇水利站、灌区管理单位为纽带，农民用水合作组织、专业化服务公司、村级水管员队伍为主体的基层水利管理服务网络基本建成，管护水平和质量持续提升。因地制宜，积极创新工程运行管护模式，探索和实践了农业经营主体自主管护、政府购买公共服务管理、农民用水户协会管理、土地流转集中管理、"五位一体"综合管理等多种管护模式，有效保证了农村水利工程长期稳定运行。

虽然农业水价改革带来的农业节水、工程管护、农民减负等综合效益显著，但江苏各地灌区水价改革仍在加码，还将在达到"渠相通、路相连、旱能灌、涝能排、渍能降、机能进、土肥沃、高产出"的基础上，进一步完善"总量控制、定额用水、综合收费、阶梯计价、设立基金、协会管理、普惠于民"的农业水价综合改革模式，积极探索农业节水新路，提高灌区灌溉水利用效率和投入产出比，让农业水价综合改革之路越走越宽。

在一次次的灌区续建配套与节水改造中，江苏周桥灌区农田水利"五位一体"管护改革入选全国"改革开放 40 年地方改革创新 40 案例";淮安市洪泽区周桥灌区、扬州市高邮灌区、南京市六合区龙袍圩灌区获评"全国灌区水效领跑者";南京市淳东灌区、湫湖灌区等 23 个灌区获评"省级节水型灌区"。江苏灌区建设将驰而不息,条条渠道也将继续泽润大地……

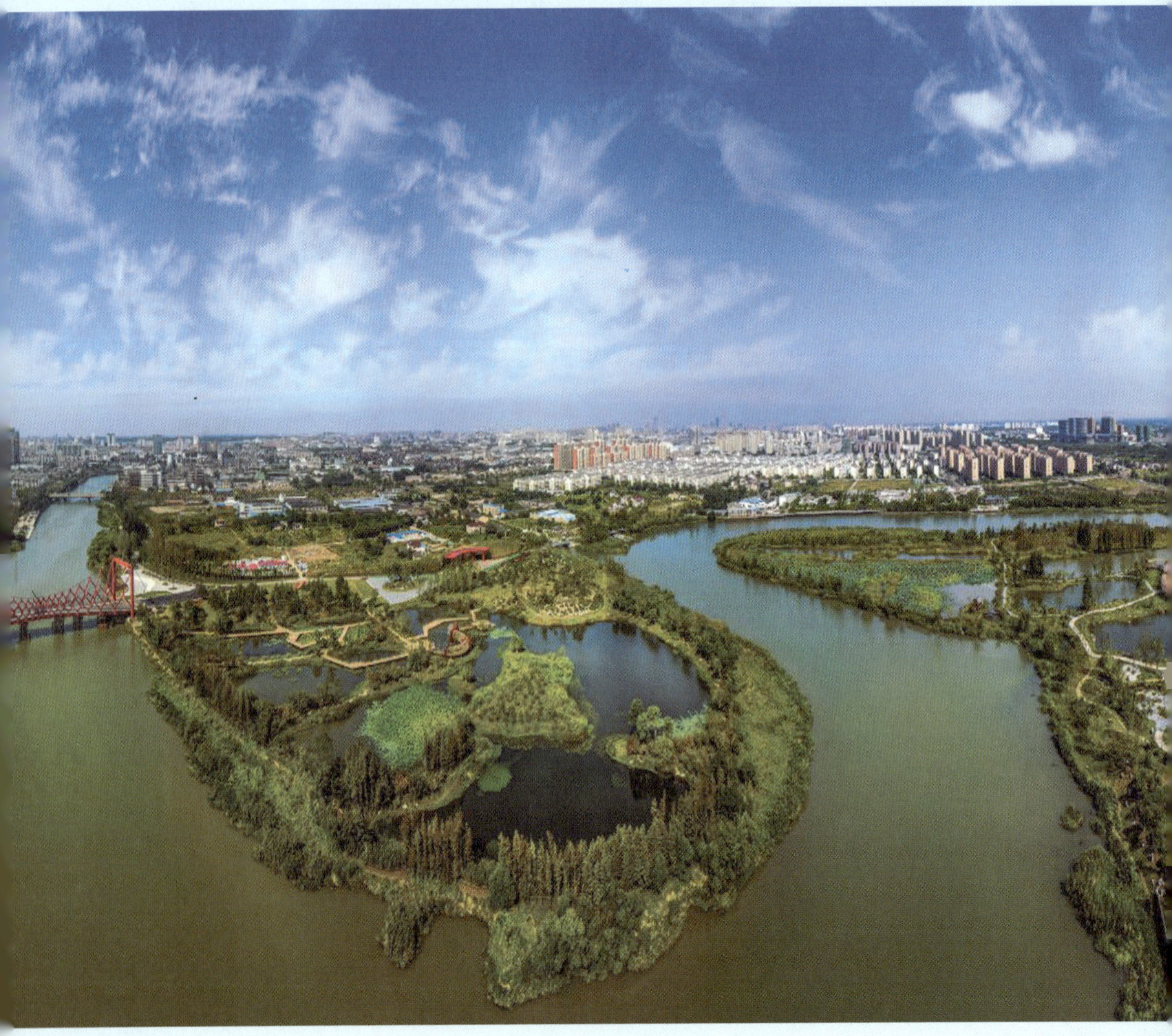

第七章
走出丰水地区节水新路子

八连优！在 2021 年国家最严格水资源管理制度考核中，江苏省再次荣获优秀等次第一名，实现"十四五"开门红。自 2013 年国家实行最严格水资源管理制度考核工作以来，江苏已经取得"八连优"的优异成绩。这份"高分"答卷的背后，凝结着丰水大省在精准配水、严密管水方面的独具匠心；汇聚了传统"水乡"在高效节水、科学护水理念中的精准落子。

经过努力，在地区生产总值、粮食产量连年增长的情况下，全省用水总量控制在 620 亿立方米以内，全省万元地区生产总值用水量、万元工业增加值用水量持续下降，2021 年农田灌溉水利用系数提至 0.618，重要水功能区水质达标率提至 88.7%。

科学配水，
江苏特殊水情下的应对良策

习近平总书记强调，继续科学推进实施调水工程，要在全面加强节水、强化水资源刚性约束的前提下，统筹加强需求和供给管理。多年来，江苏坚持"定需先定水、定水先核算"，构建完善覆盖省市县三级行政区、江河湖泊和各取水口的用水指标体系，凭借严控总量、优化结构、盘活存量等系统化措施，着力优化水资源配置，提升水资源集约节约安全利用水平，让有限的水资源发挥出最大效益。

——围绕家底严控总量

针对水网地区特点，江苏构建"节水优先、配置有序、利用高效、保障有力"的用水格局，按照"合理分水、应分尽分"的工作原则，全面推进跨省、跨市、跨县3个层面的河湖分水工作。

配合水利部完成太湖、高邮湖、南四湖流域和淮河、沂河、沭河、奎濉河、新汴河、白塔河、滁河、水阳江（青弋江）、长江干流、池河等跨省江河流域水量分配。

开展跨市分水，科学确定跨市河湖名录，经省政府授权批复省内秦淮河等15条河道、3个湖泊跨市河湖水量分配方案，提前完成水利部任务，实现用水总量指标落到河湖、水源。

同步跨县分水，全面梳理全省跨县重要河湖名录，全面推进完成67个跨县河湖水量分配工作。

——围绕提效调优结构

江苏既是经济大省,也是农业大省,工业和农业用水占到用水总量八成以上。为进一步提高水资源利用效率,江苏对水源结构和用水结构调整实施"两手抓",在更大空间尺度上、更长用水流程上构筑水资源保障体系。

省水利厅厅长陈杰表示,江苏的农业是"灌溉农业、水利农业"。"十三五"期间,全省"挡、排、引、蓄、控",农村水利工程体系功能更加完善、运转更加有效,服务"三农"的能力和水平持续提升,城乡供水一体化、农业水价综合改革、农村水利地方性法规制定等均处于全国领先水平。加快现代化大中型灌区建设,保障粮食安全。重点实施8个大型灌区和27个中型灌区现代化改造,增强灌排功能,提高用水效率,改善农业生产条件,提升灌区生态安全保障能力和绿色发展支撑能力。全面实施农村供水保障工程,进一步提高供水水质、保证率和集约化水平。推进农村供水老旧管网更新改造、环状管网建设、水源地达标建设、水质监测和监管能力建设,更新改造农村供水管网2000千米。

在水源结构调整方面,雨水、城市尾水、海水等非常规水源利用规模逐年增加,2021年利用量达到11.9亿立方米。优先利用地表水,持续压减地下水用水量,年压减地下水4.3亿立方米。拦蓄洪泽湖、骆马湖、石梁河水库等洪水资源,优先用于用水高峰期的农业灌溉,实现洪水资源化利用,2021年江水北调等调水工程节省费用超过1亿元。

在用水结构调整方面,改变农业大水漫灌、工业以需定水模式,坚持以水而定、量水而行,保持全省用水总量稳中有降,将节约出来的13.5亿立方米用水指标，优化配置到高效设施农业用水、新增低耗水工业用水、生态环境用水等方面。

——围绕开源盘活存量

宿迁市洋河新区是白酒企业集聚区，地下水直接关系洋河酒都发展。同时，洋河新区现状又是地下水超采区，地下水新增取水受到严格限制。如何破解酒都发展地下水的需水难题？

2020年，江苏省水利厅在洋河新区开展地下水权改革试点，针对洋河酒企发展客观需求，提出通过水权改革破解洋河酒企地下水新增取水受限的难题。

通过多次专题研究，政府企业合力推进，组织制定水权改革试点方案。由宿迁市集中收储洋河股份有限公司节约的地下水取水指标，再与当地两家酒业公司签订水权出让协议，成功签订全国地下水取水权交易"第一单"，为全省水权改革形成可复制、可推广的经验。

"这次交易让我们获得了3万立方米地下水取用指标，地下水取水难问题迎刃而解。"洋河汉匠坊酒厂负责人王久银高兴地说，"通过这项改革，我们酒企可以在合法取水量范围内，以市场化手段调剂地下水资源，实现互通'水脉'，互利共赢。"

"通过水权交易，大型酒厂节余的水量指标不会被浪费，小型酒企的用水需求也得到解决，并且区域地下水取水总量指标不增加，是多赢的结果。"宿迁市水利局高级工程师叶露介绍。

除保障酒企用水之外，回购的5万立方米收储水量也用于地下水生态回补，提高地下水资源长期储量和季节性调配能力，以推进地下水资源永续利用。

洋河新区的成功交易"签单"，不仅为44家酒企解决了现实用水难题，实现酒企取用地下水的多方联动，也让洋河地下水用水量呈下降趋势，更是江苏创新水权交易方式的生动实践。

习近平总书记强调，要创新水权、排污权等交易措施，用好财税杠杆，发挥价格机制作用，倒逼提升节水效果。江苏深化改革，坚持"两手发力"，既注重发挥政府作用，又注重发挥市场机制、激发市场活力，改革和优化营商环境，为高质量发展夯基垒台。

水权改革成功破题。省水利厅印发《关于推进水权改革工作的意见》，出台《江苏省水权交易管理办法》，开展水权交易70余单，盘活存量水权4600余万立方米，省级水权交易平台建成上线试运行。

简政放权规范推行。省水利厅颁布实施全国首部《开发区水资源论证区域评估导则》，全面推进158个省级以上开发区试行"水资源论证区域评估+取水许可告知承诺制"，实现便民、减负、增效。

数据治理提升效能。省市县取水许可电子化实现全覆盖，取水许可一网通办、信息共享，让数据多跑路，让企业少跑腿，提升了政务服务便利化水平。

高效节水，
丰水地区也要扛起节水担当

2022年5月18日，扬州市水利局抗疫志愿者在广陵区文昌生活农贸市场、汶河小学等地，开展第31届全国城市节约用水宣传周活动，宣传水法律法规、《公民节约用水行为规范》以及节水常识，让节水知识走近百姓、走进校门。

习近平总书记关于"不能一边加大调水、一边随意浪费水"的殷殷嘱托，江苏时刻牢记。从内因来讲，江苏本地水资源不足、降雨时空分布不均、平原地形水动力不足、工业经济发达；从外因来说，江苏是国家一带一路、长江经济带、长三角一体化、江淮生态大走廊、沿海开发等国家重大战略核心承载地，又是南水北调东线工程的源头省份。水乡江苏，节水也是必行之举。

——试点先行找"模式"

为探索构建具有丰水地区特点的刚性约束指标体系和制度框架，江苏选择了不同水资源禀赋、不同经济发展水平的南京市江北新区、徐州市丰县等8个地区，开展"四水四定"试点，试点方案由省政府批复实施。

为贯彻落实党中央、国务院有关污水资源化利用决策部署，助力"碳达峰、碳中和"目标实现，江苏选择环太湖平原河网地区的无锡市新吴区、南水北调东线受水区的宿迁市、长江经济带和21世纪海上丝绸之路交汇处的张家港市,作为开展再生水利用配置的先行试点地区,力争通过试点建设,形成一批特色鲜明、示范性强的丰水地区再生水利用配置试点经验。

——持续深入践"行动"

江苏坚持节水优先,将节水作为推进水资源优化配置和集约节约利用的重要举措,力争当好这项改革任务的"排头兵"。

健全"水利牵头、部门共管"的节水机制,省发改委、省水利厅印发《江苏省节水行动实施方案 2021 年部门工作任务》,省发改委、省水利厅等五部门印发《江苏省"十四五"节水型社会建设规划》,水利、工信、交通等部门协同推进节水型工业园区、服务区、水效领跑者评选等节水重点任务。

健全节水标准体系,省水利厅出台《江苏省重点用水单位节约用水管理办法(试行)》《江苏省用水单位水务经理管理制度(试行)》,完成新一轮行业用水定额修订,开展用水定额合理性、先进性、实用性评估。率先制定印发《江苏省节水型企业园区建设标准》、修订《江苏省节水型企业建设标准》。

强化载体建设,累计完成国家级县域节水型社会达标建设 68 个,实现南水北调沿线国家级县域节水型社会达标和省级节水示范区建设的"双覆盖"。

——广泛宣传造"氛围"

节水工作离不开全社会的关心和支持。2021 年,省水利厅积极组织开展"世界水日 中国水周""节水中国 你我同行""县委书记谈节水"等节水宣传活动。在"节水中国 你我同行"主题联合宣传行动中,累计活动量、参与人次、网上点击量均列全国第一,获评优秀活动单位 3 个、优秀组织单位 3 个,成为全国宣传十佳地区和最具人气地区。在第二届全国节约用水知识大赛中,江苏再次荣获省域和学校参与人次双第一。省水利厅、省教育厅、团省委、省科协、省少工委等单位开展了"水韵江苏——节水少年行"节水主题活动,发布第二届十大河湖卫士名单,开展节水护水志愿服务,全省各级节水工作者,定期深入社区、企业、学校等,开展节水宣传、普及节水知识、营造节水氛围,把节约用水的理念送入了千家万户。

第七章　走出丰水地区节水新路子

严格管水，
着力打造水资源管理示范高地

海一电子有限公司的地下水取水工程由3个工作井、1个地源热泵取水泵房组成，主要通过板式换热器对自来水稳定进行降温与升温调解，进而达到生产清洗用水的工艺温度要求。在南通市通州区海一电子有限公司地源热泵取水泵房，只见一组组直径约15厘米的管道交汇连接，墙壁上整齐挂着取水规范要求、节水管理制度等规章制度。

海一电子是一家生产加工腐蚀箔、化成箔的企业，产品水平处于国内领先地位，年用水总量超过45万立方米。"2021年，通州对海一电子进行了取水工程规范化管理，该公司也对计量系统进行了校准、完善，进一步规范取水工程，有效提高水资源利用效率，保障水安全。"通州区水资源管理所所长吴志义表示，水，从来都不是无限供给的资源，开展取水工程（设施）规范化管理，是把水资源作为最大刚性约束的体现，也是深入落实最严格水资源管理制度、强化水资源刚性约束的重要抓手和具体举措，对促进水资源集约安全利用和有效保护具有重要的作用。

江苏人口稠密，产业集聚，用水需求旺盛。江苏紧紧围绕水资源刚性约束，坚持严的主基调、拿出实的硬举措，细化管理单元，织密管理网络，厘清短板特征，下足绣花功夫，以保障合理刚性用水需求、抑制不合理用水为目标,让管理有章法、用水有秩序,力促规范化精细化管理不断提档升级。

——保障上求"全"

省水利厅注重组织引领、制度建设、规划设计,建立健全适合南方丰水地区的工作保障体系。

加强组织保障。省委、省政府高度重视、高位推动,建立最严格水资源管理制度考核和节约用水工作联席会议制度,扎实构建党政

扬州三湾

主导、齐抓共管的最严格水资源管理制度工作格局,将万元地区生产总值水耗、水源地建设等作为高质量发展综合考核内容。各设区市政府均成立联席会议或领导小组,建立省市县三级层级考核评估体系,专项监督检查、日常监督检查和"四不两直"检查的强监管体系全面形成。

加强制度建设。严格执行《长江保护法》《太湖流域管理条例》《取水许可和水资源费征收管理条例》《地下水管理条例》等法律法

规，全面落实水资源管理各项政策措施。先后出台或修订水资源管理、饮用水源地保护、节约用水等地方性法规，出台用水总量控制、计划用水管理、取水许可管理、生态水位管控、地下水保护、水权交易等规范性文件，依法依规管好水资源。

加强规划引领。编制完成水资源管理保护规划、水资源管理信息化规划、饮用水源地安全保障规划、地下水保护利用规划、地下水监测站网规划等专项规划，制定出台地下水保护利用、水生态文明城市建设、生态河湖评价、生态水位（流量）确定、水源地管理保护、水资源论证区域评估、取用水规范化管理等10余部地方标准，为管理提供技术支撑。

——**管理上求"严"**

构建取水许可制度体系，全流程监管有章可循。制定《江苏省地源热泵系统取水许可和水资源费征收管理办法》《江苏省水资源管理监督检查办法》《江苏省建设项目取水许可验收管理规定》《关于规范取水许可审批、许可证核发和监督管理事项的通知》《江苏省取水许可实施细则》，建立水资源论证报告书抽检、超许可取水预警和监督管理机制，规范取水许可申请受理、审查审批、验收发证、后续监管等业务流程，形成严密规范的水资源管理规章制度体系。

开展专项整治及回头看，保障取水行为合法合规。全省约3.2万个取水工程（设施）全部登记在册，核查登记成果全部落到"水利一张图"。提前完成取水工程（设施）核查登记整改提升，取缔1333个项目（1493个取水工程），整改4750个项目（13437个取水工程）。将电子证照数据质量、大中型灌区信息填报、取水工程（设施）规范化建设同步落实，组织自查自纠，做到即知即改。

首创管理地方标准，推进取水工程规范化建设。制定取用水管理工作指南、取水工程（设施）规范化建设技术要求，对取水口、泵房等硬件设施开展"三规范、二精准、一清晰"标准化建设，实行管理台账清单式管理。2021年完成首批81个国家重点监管取水口的规范化建设，设区市同步完成880个取水口的规范化改造，取水口环境和取用水规范化水平显著提升。

——**监测上求"精"**

充分运用无人机、卫星遥感、物联网等手段，构建"空天地"一体的监测感知体系，实现重要水体水量、水质、水生态、水生境的全天候监测、智能感知。全省共布设水文测站5632个，开展南水北调、引江济太、江水东引北送等工程引排水监测，沿海、沿江、沿湖和沿大运河巡测。

健全完善取用水、水源地、水功能区等3大监测体系，持续开展全省水功能区、饮用水源地、排污口、长江入江支流、地下水、水生态等6大监测工作，突出长江、大运河、太湖、洪泽湖等重点河湖水资源质量监测，覆盖2500余个监测站点，动态掌握河湖水资源和水生态状况。

实施计量体系建设三年行动，利用水资源费支持用水户完善计量设施。全省非农取水计量率达100%，大型、重点中型灌区实现渠首在线计量全覆盖。建立全省统一组织的计量设施第三方抽检制度，累计完成2000余个取水计量设施的第三方抽检，构建高水平取水监测计量体系。建成集监控、监管、预警、考核于一体的数字平台，实现信息查询和取用水申报一网通办。

——**统计上求"准"**

全面落实国家用水统计直报制度，健全省、市、县、取用水户四级工作体系，通过建立定期通报、第三方核查、上下联动等机制，深入推进用水统计调查和用水总量核算制度,为准确掌握全省用水总量奠定基础。

实现应入尽入。结合取水许可核查、电子证照系统,遵循在地统计原则,梳理统计调查对象,建立全省用水统计调查名录库。全省应纳入名录库的取用水户为6361个,全部纳入名录库,录入率为100%,与2021年相比,新增150个,实现自备水源"应录尽录"。

健全工作制度。为规范全省用水统计调查工作,研究制定了《江苏省用水统计管理暂行办法》,对用水统计调查组织实施、名录库建设管理、数据填报与审核、质量控制均作出了明确的规定。建立省、市、县、取用水户四级工作机制,加强填报人员培训、数据审核

无锡清名桥

和质量控制,建立数据第三方审核管理机制,建立周通报、月调度等工作会议制度,加强计量监测体系、四个一管理、取水口规范化建设等信息的互通应用,及时对数据质量问题进行追溯、核实和修正,数据填报率、审核率均达100%。

——手段上求"智"

按照"一个系统、一套数据库、省市县三级共用"的水资源管理信息化建设思路,围绕"需求牵引、应用至上、数字赋能、提升能力"的总体目标,加强水资源和节水管理信息系统建设,实现数据融通与关联,积极构建数据底板,打造水资源管控"一张图"。

整合各类资源,加强信息采集智慧感知能力建设。加强水资源信息采集感知网建设,开展南水北调、引江济太、江水东引北送等工程引排水监测以及沿海、沿江、沿湖和沿大运河巡测,对19处省界断面、30个市际断面进行水量监测,实时监控近3000个规模以上工业和城市生活取用水户、96个重点大中型灌区渠首取水,全省非农取水监控水量占比超90%,总取水监控水量占比超65%。共享共用体系,接入生态环境、住建部门饮用水源地、自来水厂等水量、水质、视频数据,进一步提升水安全保障能力。

利用专项工作,推进数据治理共联共享。为解决各系统之间数据标准不一、系统规约不同等情况,2020年着手开展业务数据国标化改造,利用水资源监控能力建设二期项目、取水许可电子证照系统、取水核查登记整改提升系统等专项工作,开展数据治理工作,构建兼容性强、标准统一的模块化数据仓库,实现各类数据间融通与关联,可根据需求随时调用取水工程、重点取水口、城市饮用水源地、地下水监测站、水文站等信息要素。同步组织水资源管理各类信息的数字化转化。

服务工作需求,整合贯通业务应用系统。在管理端,省水利厅针对"行政区域、取用水户、重点河湖、地下水、水源地"等管理对象,建成包括门户、水资源管理、水资源保护、节约用水、综合监管、取用水户政务服务等6大类19个专项应用子系统,形成了江苏水资源与节水信息化的特色。在服务端,依托取水许可电子证照系统开发上线统一身份认证的江苏省取用水户政务服务系统,为6000多个自备水取水户、30000多个计划用水户一站式查询取水许可、用水计划、监控水量、水资源费等信息,在线办理取用水计划业务,为广大取用水户提供便捷的信息服务。

省水利厅厅长陈杰表示,江苏水网功能众多,控制运用复杂,最需要应用数字孪生技术提升水网功能,实现智能管控。江苏已部署启动智慧水利建设,推进建设"全面感知、互联共享、智慧应用、泛在服务"的数字水网。他展望,不久的将来,江苏的基础水网将迭代现代水网,叠加数字水网,蝶变幸福水网。

悉心护水，
擦亮万河千湖的水韵底色

扬州市广陵区通过取缔渔民非法捕捞、疏浚整治周边水系、末端截污、关停搬迁、排口封堵、生态修复，开展水源地规范化建设。"水源地保护，护的是水，但归根结底要做好岸上工作。"广陵区水利局相关负责人介绍，"岸绿了，景美了，水也就甜了。"廖家沟新城水源地一级保护区封闭式管理区域南侧就是廖家沟城市中央公园，作为滨水绿色廊道，中央公园内繁花似锦、绿树成荫，芦苇荡、荷塘、亲水平台，景观处处与水相关。附近的居民时常感叹，"水天一色是公园里最美的风景。"

紧紧围绕美丽江苏建设目标，省水利厅以河湖生态保护与修复为重点，以供水安全为本，以河网水系为脉，通过江水北调、江水东引、引江济太等三大跨流域调水系统，让80%的地区和人口用上了长江水，护航幸福河湖建设，实现人民群众饮水放心、用水便捷、亲水宜居。

——保护好"源头水"

习近平总书记强调，要把水源区的生态环境保护工作作为重中之重，划出硬杠杠，坚定不移做好各项工作，守好这一库碧水。要统筹水资源、水环境、水生态治理，有效保护居民饮用水安全。饮水安全事关国计民生，江苏在率先全面实现城市水源地达标建设、双源供水、长效管护三项全覆盖基础上,全面推进水源地规范化建设提档升级,有效保障全省水源地供水安全。

持续优化水源布局。修编饮用水水源地安全保障规划,明确"扎根长江、依托三湖、江水北调、南济东引"的空间布局,实行名录动态管理,形成区域供水为主、乡镇集中供水为辅、局部分散供水为补充的供水格局。按照每个城市供水单元都有两个以上相对独立水系、可以实现互相调度的水源地的目标推进双源供水,全省75个供水单元实现双源供水全覆盖。

强力推进达标建设。经省政府同意,2011年在全国率先启动并强力推进城市水源地"一个保障、两个达标、三个没有、四个到位"达标建设,指导地方政府按照"一地一策"的要求逐县(市、区)编制实施水源地达标建设方案。2018年底,江苏已建在用的城市水源地全部完成达标建设,超额完成国家关于长江经济带60%水源地完成达标建设的目标任务。

长效管护持续提升。率先制定地表集中式饮用水源地长效管理与保护评估指南,逐年开展全省城市水源地长效管护评估。按月开展全省城市地表集中式饮用水源地质量监测,编发集中式饮用水源地水文情报。建成覆盖全省城市地表水水源地的信息共享平台,实现跨部门信息共享和互联互通。颁布实施全国首部水源地管理与保护地方标准,累计完成57个水源地规范化管理建设,城乡饮水安全保障水平显著提升。

——管控好"地下水"

根据地下水赋存条件,将地下水资源纳入水资源统一配置,强化水资源刚性约束,实施分区管控政策,落实地下水取水总量和水位双控,着力提高地下水资源配置水平。

严格总量控制。2013年率先在全国提出地下水取水总量和水位双控要求,2021年以县域为单元,率先确定2025年和2030年的地下水取水总量控制指标,确定了地下水取水总量红线。严格地下水审批管理,凡可利用地表水或其他水源替代的,一律不批准取用地下水;新增地下水取水原则上仅用于供水管网未通达区域的生活用水和对水质有特殊要求的特种行业用水;《地下水管理条例》出台后,对难以更新的地下水取水项目一律不予批准。以地下取水井日常监管为核心,全面推进地下水"四个一"管理制度,即:一证——取水许可证,一表——计量设施,一牌——自备水井牌,一账——管理台账。

强化系统治理。2005年,苏锡常地区就实现了地下水全面禁采,2019年底,该区域地下水漏斗全部消失,漏斗中心地下水位最大回升幅度超50米。2014年,省政府组织对南水北调东线沿线及苏中苏北8市实行地下水封井压采,至2020年累计完成封井8019眼,年压减地下水开采量4.32亿立方米。目前全省地下水水位保持稳定或回升,地下水超红线区域全部消失,地下水漏斗面积较2014年压采前减少超6成。

加强监督管理。自1953年起开展地下水观测工作,已布设监测井1281眼。建立与自然资源部门信息共享机制,实现地下水基本监测站水位、水温自动监测全覆盖。根据《江苏省地下水超采区划分方案》开展地下水红线管理,全面建立地下水跨部门动态跟踪和预警机制,水利与自然资源部门按月会商全省地下水变化情况,对地下水水位异常地区及时通报、会商,宿迁市创新应用"试剂+地探"技术手段打击非法取用地下水行为。

苏南运河第一标

——修复好"灵动水"

紧紧围绕美丽江苏建设总体目标,坚持系统治水思路,统筹考虑水资源、水环境、水生态等要求,复苏河湖生态环境,一幅幅"河安湖晏、水清岸绿、鱼翔浅底、文昌人和"的画卷正在铺陈……

合理确定生态水位(流量)。省级发布 28 个重点河湖(库)生态水位(流量),提前完成国家任务;组织各设区市同步确定重点河湖生态水位(流量)。"一河一策"编制河湖生态水位(流量)保障方案并推进实施,生态水位全面有效保障。以里下河地区和阳澄淀泖地区为试点,在全国率先探索以水利片区为单元确定生态水位。

切实保障河湖生态需水。制定生态水位(流量)确定和保障工作的指导意见,率先印发《生态水位(流量)监测与评估技术指南》,建立日监测、季评估、年考核制度,建成生态水位监测预警系统,制定生态水位预警发布响应方案,强化重点河湖生态水位(流量)全流程过程管控。

全面推进水生态文明建设。率先颁布实施《生态河湖状况评价规范》,连续 12 年开展 34 条重点河流和 11 个重点湖泊生态状况评估,河湖生态优良率逐年提升。建成 9 个国家级水生态文明城市和 18 个省级水生态文明城市,打造美丽中国的江苏样板。试点数量全国第一,中央电视台《新闻联播》以"江苏:让美丽与发展同行"为题做了报道。

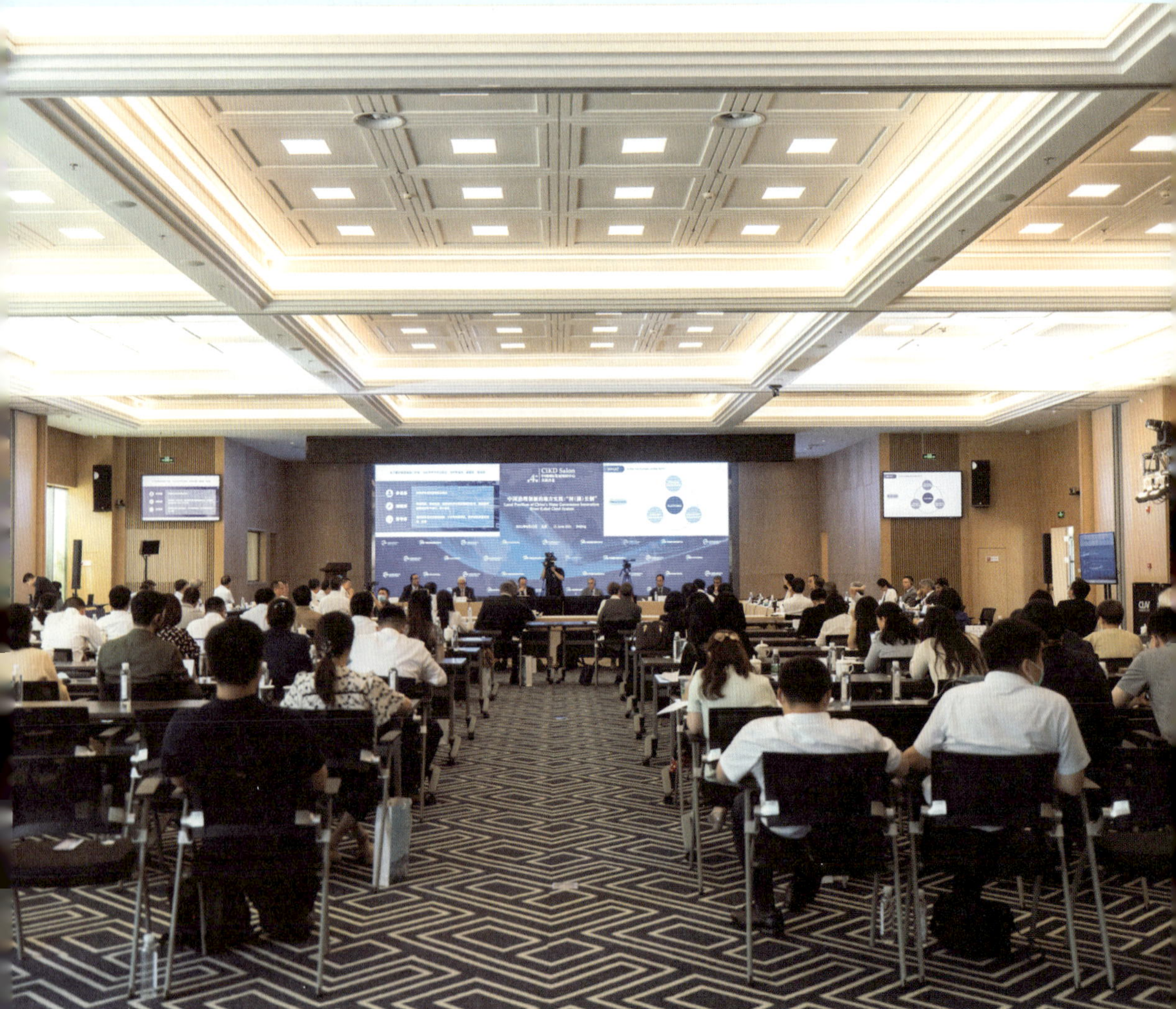
CIKD Salon

第八章
幸福河湖长治久清

2021年6月15日,一场聚焦"中国治理创新的地方实践"的对话沙龙在北京举行——本次沙龙以江苏河湖长制探索实践作为典型案例。这是中国国际发展知识中心首次专场专题发布一个省的案例,也是首次将河湖长制工作作为治国理政案例向世界发布。

谈及河长制、湖长制,江苏人并不陌生。太湖蓝藻事件给江苏敲响警钟,针对流域河流水质直接影响太湖的实际,无锡创新实施河道管理河长制,由各级党政一把手分别担任了64条河道的河长。实施一年后,该市辖区内的79条河流考核断面达标率就从53.2%提高到了71.1%。省政府在总结无锡经验的基础上,将河长制扩大到省内太湖流域,并逐步在全省范围内推行。

良好的河湖生态环境是最普惠的民生福祉。虽然太湖水安全事件已离我们远去,但作为全国唯一拥有大江、大河、大湖和大海的省份,江苏继续以河湖长制推动水环境和水生态持续改善,推进源头治水、系统治水、全员治水,在全国率先全域推进幸福河湖建设,厚植生态底色,让更多河湖向美而行。

系统治水看江淮——江苏水利 2017—2022

从全面建立到全面见效

河湖是国土空间的血脉。河湖功能的持续发挥、水域空间的有效保护治理，具有基础性、战略性保障作用。江苏水域面积占全省面积的 16.9%，位列全国各省之首。江苏经济发达，产业集聚，以 1% 的国土面积创造了 10% 的国内生产总值。江苏也是较早遇到水资源短缺、水环境污染、水生态损害等新的水治理问题的地区。

2016 年中央作出全面推行河长制的决定后，2017 年底，江苏在全国率先宣布全面建立河长制，并且率先将河长制纳入地方法规。江苏河长体系是高起点建立的，在中央要求建立省、市、县、乡四级河长体系的基础上，江苏将河长制延伸到了村一级，五级河长共 6 万余名，管理着 15.86 万个河、湖、水库和小微水体。村级、企事业单位小微水体均分片明确了河长，真正实现了全省河流河长全覆盖。

宿迁市宿豫区顺河街道张圩居委会一支五斗渠，本是村里的灌溉排涝渠，却因为年久失修功能逐渐退化，一到汛期，水便会溢到旁边的马路上。当一支五斗渠边上竖起河长告示牌后，"村里的河沟，政府能管？""河长真能管事？"就成了村民们闲谈的话题。没过多久，半信半疑的村民们发现一支五斗渠在施工。原来，按照市里的统筹规划，这支村渠也列入了整治范围，不仅疏浚、拓宽，还修了一个与旁边河道联通的涵洞。每天，村里人都能看到居委会支部书记巡河，手里还拿着一本河长的工作日志，时不时地记一下。

"河长不是每天去看一看就行了，你得进到企业、村庄、农田、老百姓家里去找原因，每条河情况不一样，必须科学精准治理。"作为九里河、北灰洲浜、新塘西河3条河道的河长，无锡市锡山区厚桥街道办事处副主任汪苏湘实地踏勘了65个自然村、86家工业企业，协调相关部门为所有河道建立了档案。

为更好地治理河湖，江苏实施一河一策，通过编制河长手册，五级河长对自己的"责任田"问题有哪些、任务有哪些、责任有哪些，一目了然。在苏州市吴江区太浦河的河长手册上，前期的调研列举出了这条河存在的9大类问题，每类问题又被分成若干小问题，后面还有详细的问题描述、具体目标、责任单位和完成期限，并形成了"一事一办"的工作清单。一本河长手册，排查出河湖存在的问题，列

2017年7月17日，江苏省政府召开全面推行河长制工作电视电话会议

出治理目标和对策，明确了责任主体，同时可量化、可评估。

"作为省河长办主任，回顾这几年的河长制实践，我觉得，河长制的优势就是集中力量办大事，关键是集中党政力量、集中部门力量、集中社会力量。"省河长办主任、省水利厅厅长陈杰在沙龙现场给大家举了个例子：沭阳县的柴米河，全长59千米，既贯穿宿迁市，还涉及下游的连云港市。沭阳县财政局作为这条河的责任单位，成立工作专班，进行40余次巡河调查，梳理出排污、垃圾、养殖、种植等方面的问题200多个，逐一进行精准治理。沿线老百姓说：实行河长制以来，柴米河一年一个样，越变越好看。

江苏河长制从"有名"到"有实"、从"高强度"向"高质量"，强力推进河湖突出问题整治，大力加强长效管护，碧水保卫战、河湖保护战初战告捷，河湖健康恶化状况得到全面遏制，且呈现出系统性好转。江苏河长制工作连续获得国务院奖励激励，入选人民出版社

2017年10月24日，全省全面推行河长制工作座谈会在南京召开

出版的《解码中国之治:贯彻新发展理念实践案例精选2021》十大案例。

河长制驱动河长治。从"试点破题"到"多处开花",江苏各地纵向推进、持续创新,在苏南,无锡市锡山区设立家河家塘河长,打通治水护水"最后一公里";在苏中,南通市的乡贤河长、骑行河长、邮递员河长,均成为管河护水的重要力量;在苏北,徐州市建立"河湖长+检察长"依法治河护河新机制,确保行政执法和司法保护无缝衔接;宿迁市也建立总河长挂牌督办制度,对群众反映强烈、社会影响较大的重点河湖问题挂牌督办。

由于实施一系列措施,江苏实现水污染有效防治、水生态逐渐恢复、水环境日益改善、水空间持续改观、水资源不断优化,人民群众对水生态环境的满意度不断提升。江苏9个设区市列入全国水生态文明城市建设试点并全部通过国家验收,试点数量全国第一,试点经验在全国推广。18个省级水生态文明城市建设试点均已通过技术评估验收。

同时,江苏涌现出一批治理范例,太湖连续13年实现国务院明确的"两个确保"目标,长江水质由Ⅲ类升为Ⅱ类,长江岸线利用率降至37.9%,生态岸线占比提升到62.1%,全省退圩退渔还湖恢复水域200多平方千米,恢复洪泽湖岸线16.1千米。全省建成国家水情教育基地和水利风景区67个,"河畅、水清、岸绿、景美"的水生态画卷正在江苏大地展开。

联合国教科文组织驻东北亚五国总代表夏泽翰表示,"江苏经验"让他看到了河长制在生物多样性保护、乡村振兴和一体化流域管理过程中的中国特色。"如何把水和文化结合起来是我们重点关注的内容,江苏有大量的非物质文化遗产,接下来希望能和江苏在

2017年12月4日，宿迁市成为全省第一个通过河长制省级验收的设区市

水资源、水治理和水文化等方面进行合作。"

　　江苏把河长湖长履职固化为制度，年初有计划，年中有考评，年末有报告，建立了一套完整的认河、巡河、护河、治河的工作流程，使党政领导"兼职"的河长湖长，变成"实职"的河长湖长。为了实现"见河长、见湖长"全面向"见行动、见成效"阶段迈进，江苏在推进基层河长履职中探索出了以正向激励为主、负向激励为辅的激励机制。

　　除了采用对先进个人授予先进、优先提拔任用，对先进地区优先考虑奖补资金等措施外，省委、省政府还将河长制专项激励纳入省高质量考核，每年对工作成效突出的部分设区市和县（市、区）进行河长制专项激励，并给予专项资金支持。省水利厅设立河长制奖补资金6000万元，带动市县河道管理保护经费投入超过10亿元。苏州市级财政累计投入逾5000万元奖补重点河湖管护工作，同时推动各地配套落实河湖管理保护资金，有效激活治水管水机制。

第八章 幸福河湖长治久清

2018年5月2日至4日,省委组织部、省水利厅在南京联合举办全省领导干部(河长制)专题研究班

江苏通过强化河长制督导检查,倒逼河湖长履职尽责。省河长办向沿江八市长江市级河长发送告知函,每年组织全覆盖调研检查1~2次,对履职不到位的地方进行通报约谈。

南通市河长办定期通报河道长效管理情况,根据考核评分办法对区、街道河道进行抽查评分。

常州市、泰州市出台《河长制工作督查问责办法》,公开点名履职不到位河长,明确指出了河长制工作中存在的失职失责情形,明确了问责方式。

苏州市组织常态化河湖长制第三方巡查测评,每季度通报一次结果。

泗阳县每年评选两次"不合格河长",并将考核结果纳入个人档案,与干部任用挂钩。

……

在陈杰看来，河长制湖长制的核心是党政领导负责制。党政领导担任河长湖长，意味着他们肩上多了一副担子。将河湖长流域治理成效纳入绩效考核与激励，是对领导干部生态文明思想的锤炼，是对其生态文明建设政治担当的考量。正向激励与负向评价相结合，解决了可能存在的"挂帅不出征、出征不打仗"等一系列问题，推动了河湖长制"有实""有能""有效"。

江苏河长制标志

第八章 幸福河湖长治久清

跨界治水，唤回一泓碧波

流动性强是水的一大特点，而河流湖泊是一个有机整体，沿河湖各地分而治之、因地施策只能解决本地问题，却无法实现对河湖水质的整体提升。近年来，通过河湖治理，江苏人悟出一个道理：只有清水长流，才能润泽民生，只有呵护每一条河每一片湖，才能缓解矛盾的水情。与此同时，江苏各地纷纷创新机制，打造河湖治理"一地一策"样本。

打破属地本位，协作联动，保护水环境，成了大家的共同选择。于是，江苏省与浙江省、上海市共同建立太湖淀山湖湖长协作机制，江苏吴江与上海青浦、浙江嘉善建立省际边界联合河长机制，江苏无锡与浙江湖州建立太湖蓝藻防控协作机制，江苏南京与安徽马鞍山建立联合供水机制，江苏徐州与山东济宁、枣庄等地建立边界治水五联机制……

在江苏省苏州市吴江区与浙江省嘉兴市秀洲区交界处，有一条10余千米长的清溪河。河上游是苏州市吴江区盛泽镇，是热闹非凡的工业区，聚集着大量的纺织企业，下游是嘉兴市秀洲区王江泾镇。河流出了王江泾镇，便拐弯进入京杭大运河。

如今下游的一河好水，得益于与上游的携手共治。2017年以来，苏州市吴江区与嘉兴市秀洲区尝试打破区域"藩篱"，探索联防联治协同机制，建立联合河长制。吴江区联合秀洲区成立边界区域水环境联防联治工作领导小组,设立联防联治办公室,建立信息互通机制,携手向交界黑臭河"开刀"。

从"单打独斗"到"双边联合",尝到了协同治水的"甜头"后,两地的合作也逐步加深,并尝试双方河长建立联防联治机制——联合河长制。每个季度,两地河长进行一次联合巡河,共同解决问题。同时,两地建立了名为"省际边界联防联治"的微信群,方便联合巡河,群成员包括两地相关部门的领导、各级河长等。河长们在共同巡河时发现污染问题后,可以在群里报告,两地及时进行联动,保证问题快速得到解决,治水成效显著提升。

随后,"双边联合"又拓展至"多边协同"。2019年1月,上海市青浦区、江苏省吴江区、浙江省嘉善县三地联合巡查太浦河,联合召开"青吴嘉一体化治水协商会"。10月,三地联合举行"长三角生态绿色一体化发展示范区协同治水启动仪式",三地区级总河长联合巡查太浦河,并联合发文共聘联合河长。随后吴江区与桐乡、南浔、青浦、嘉善、吴中、昆山等周边区县建立"联合河长制",共聘"联合河长"315名;建立本地跨镇、村"联合河长制",实现全域所有交界河湖全覆盖,积极推动区域一体化协同治水。

长三角·青春合伙人"河小青"志愿联盟启动仪式

曾经纠纷不断的交界河,变成了水清岸绿的景观河,这再次证明了联合河长制具有很强的可复制性与可操作性。为此,国家充分吸收地方实践经验,推动扩大联合治水创举的覆盖面。2020年6月,水利部太湖流域管理局与上海、江苏、浙江三地省级河长办联合印发《关于进一步深化长三角生态绿色一体化发展示范区河湖长制加快建设幸福河湖的指导意见》,要求示范区所有水体河湖长全覆盖,跨区域河湖联合河湖长普遍建立。在"中国改革2020年度案例征集"活动中,苏州市吴江区"跨界联合河长制"推进生态治理区域一体化案例成功入选,成为江苏省唯一治水改革创新实践案例。

其实,在一体化的背景下,类似的案例在江苏比比皆是。在江苏省徐州市铜山区与安徽省宿州市萧县的交界处,一条缓缓流淌的故黄河干流从此经过。此流域河畅、水清、岸绿、景美、人和,宛如一块碧绿的玉带卧于两省之间,而这一切与故黄河干流流域两省多地共同推行的机制、悉心治理和共同爱护有关。

"跨界水体的治理和保护一直是水生态治理的重要环节。然而,管河治水,最难的是上下游、左右岸、干支流之间的协作联动,常常由于自唱'独角戏',导致河流治理管护不到位。"徐州市铜山区河长办主任郑义军介绍,为保护河流,建设幸福河湖,2021年铜山、萧县两地聚焦治理难题共同发力,签订了跨省界河流共联共治合作协议,设置"五联机制",常态化开展联合巡查、联合保洁、联合治理、联合执法、联合监测。

如今,江苏与安徽两省常常联合开展巡河、执法等治水行动,共享信息,实现溯源处置,源头管控,真正实现了两地共治水。而在实施跨地区河湖治理中,徐州市持续完善跨界河湖共治共享顶层设计，与宿迁市联合制定省内首个环保立法协作项目"骆马湖水环境保护条例"，与济宁市签订跨界河湖管护沟通联系协议，与微山县在全国率先建立边界河湖治理联动机制，探索了省际边界插花地段河湖治理难题。

在下活协同治水"一盘棋"时，江苏各地纷纷行动。2019年，无锡与苏州建立望虞河联合河长制。江阴市与张家港市、江阴市与常熟市、宜兴市与常州市武进区、无锡市锡山区与常熟市、无锡市新吴区与苏州市相城区纷纷建立起联合河长制工作制度。通过两地河长联合巡河，有关部门联合监测、保洁和执法，双方信息共享，问题沟通更畅，治水协同性更强，推动河湖进入上下游统筹、左右岸联动、干支流互补的治理新格局。

2021年，江苏省河长办联合淮安、扬州、泰州、南通、盐城等五市建立里下河地区跨界河湖水葫芦联保共治协作机制，协调解决区域水葫芦泛滥问题。2022年7月25日，嘉兴桐乡、湖州南浔、苏州吴江三地在桐乡乌镇举行两省三县联合河长制工作室揭牌仪式，三地"联合河长制"从项目化管理转向实体化运作。

南京市江宁区联合安徽省马鞍山市博望区建立了跨界河湖联合河长制，解决丹阳河治理问题，并开创性地聘任了跨界河湖镇街级、村社级河湖长为联合河湖长，共同开展巡河、治河、护河工作，筹划、构建跨界河湖"联防联治、共建共管"的工作机制。

经过多方共同努力，江苏联合周边多个省市形成了从规划到治理的整套共建机制，推动从水面到岸线的一揽子共治项目落地实施，打造从水质达标到群众满意的一系列共享成果。

第八章　幸福河湖长治久清

全员参与，人人都是河湖长

日复一日，年复一年，无论寒风或酷暑，在扬州城区，人们总能看到一位戴着"小红帽"的扬州报业传媒集团发行投递有限公司报纸投递员骑着车沿着河道徐徐前行，发现异动，他会驻足检查河道，立即用手机拍照，上传到扬州市城市河道信息采集系统 APP，并协助水行政部门做好处置工作，及时消除河道隐患，保证河道的安全通畅和水环境的优美。他就是扬州市 2018 年首批"民间河长"，也是河道生态环境问题"监督员"——宋科。多年来，他坚持工作结束后例行巡河，每周 3 天，遇上雨季、汛期，巡河频次还要加密……

河流流到哪儿，河长就管到哪儿。随着江苏各地掀起全民治水、护水热潮，越来越多的民间河湖长活跃在治水一线。从五级河长齐抓共管到多元化设立"民间河长"，江苏治水力量不断扩大，更多民间治水主体参与河湖公共管理，形成了全民护水的良好氛围。

余克是常州市武进区广宇花辊机械有限公司董事长，2017 年 9 月，他和镇上其他 23 位企业家被湖塘镇政府聘为"企业河长"，共同守护全镇 16 条主要河道和支浜支流。在护水行动中，他承诺践诺"绝不让一滴污水入河"，在 2022 年水利部、全国总工会、全国妇联开展的第二届"寻找最美河湖卫士"主题实践活动中，余克被评为全国"十大最美河湖卫士"。

"企业盈利固然重要,但是家乡的生态环境更重要。"谈及护水经验时,余克坦言:赚钱不能建立在污染的基础上。他介绍,除了厂区实施一系列的节水护水举措外,每天上班,他都会去河边走一走,看看水面颜色有没有变化、管道有没有污水直排。他还在公司内部组建工作小组,购置无人机,沿河排查重点排放口。

余克坦言:"我兑现了出任'企业河长'时的那句承诺,'企业河长'这件事,我会一直坚持下去。我们要在湖塘镇首批'企业河长'经验基础上总结复盘,群策群力。"在他的影响和带动下,武进区"企业河长"治水护水氛围愈发浓厚。武进区湖塘镇商会召集了270多家会员企业,建立起会长企业牵头、会员企业参与的"1+8"河流共治模式。国茂减速机集团有限公司董事长、湖塘镇商会会长徐国忠说:"我们希望能以'企业河长'等机制为纽带,树立'反哺生态'的观念。"

企业河长

几年来,像常州的"企业河长"一样,在江苏各地涌现出大量参与河湖长制工作的民间力量。江苏开展了"最美基层河长""最美民间河长"评选活动,对他们进行激励,并为他们履职创造便利条件。

第八章　幸福河湖长治久清

巾帼河长

南京市建邺区设立"家门口河长""媒体河长",常州市出台"民间河长"实施意见,南通市发展一批"老舅妈河长""银发河长",靖江市成立"走河"民间河长公益团……民间护河力量不断壮大。

在海安市白甸镇施溪村,有一支由 17 名老党员组成的护河队,平均年龄超过了 70 岁。乡亲们称他们是"银发护绿水志愿者服务队"。河长制推行后,"银发河长"活跃在民间治水第一线。

平日里,队员们两人一组,身着红色志愿马甲、救生衣,头戴红色檐帽,乘船巡河。他们一前一后,一人用竹竿撑船,一人用捞网打捞。"看到哪边漂浮物多了,就用手机一拍,打捞结束再用手机拍一次。"护河队员李章顺说,通过对比前后两张照片,便可确认是否清理到位。

"银发河长"在村民中享有威望,帮助化解了河道管理中的许多矛盾。在"银发河长"的倡导下,越来越多的村民加入了守护河湖的工作中。一幅"山青、水美、人和"的锦绣乡村美景正徐徐展开。而各地积极涌现出的"民间河长"已成为江苏河长体系的必要补充。

江苏还有一群特殊的河长，他们是由多位外国友人组成的民间护河队伍，苏州昆山的外企员工何诺就是其中一位。2019年12月，何诺"受聘"于昆山市张浦镇水利（水务）站，成为苏州首位"外籍河长"。他常对着家门口河道里的垃圾、异物甚至工业废弃物拍了又拍，拍完第一时间发在微信群。

外籍河长

"经常走在河堤上，看看河里有没有漂浮物，岸上有没有垃圾。简单的自己处理，处理不了的就拍照上报给镇里。"何诺说，这份"业余工作"现在对他来说已是驾轻就熟。

何诺在中国生活了15年，先后在沈阳、烟台、上海等城市工作。在一次"民间河长"公开征集活动中，他积极报名，成功入选，聘期3年。他负责的诸天浦位于张浦镇境内，北起吴淞江，南至支浦江，全长5.5千米。河边是否有垃圾、水面是否有漂浮物、水质是否有变化、沿岸是否存在非法排污……何诺对巡河中的观察要点很是"门清"。这位金发碧眼的法国大叔，身穿"河湖监督员"蓝马甲，手拎环保垃圾袋,快步于河堤上,这身装扮常引得不少行人回头。

江苏域内的河堤湖堤上,共竖起标明河湖长职责的公示牌近10万块,何诺管护的这条河也不例外。不同的是,张浦镇水利(水务)站特意在这位"外籍河长"的公示牌上用中英双语进行标注。"这里就是我的家,守护河湖生态环境,就是守护自己的家园。"何诺说。他的妻子常用他的名字打趣道,中文名字姓"何",现在又当上"河长",看来真要与"河"结下不解之缘。

"在法国,并没有'河长'这样的概念。在我看来,中国的做法是治理河流的一次有益创新。"何诺表示,"'民间河长'可以带动整个企业、行业以及社区,让大家都参与到水资源保护中来,而不只是政府在发挥作用。"

"河流保护无国界。"张浦镇水利(水务)站站长史杨峰介绍,"民间河长"的优势体现在时效性、预见性、沟通性、主动性。"民间河长"与群众朝夕相处,覆盖面和接触面广,可及时发现问题;巡河时间灵活方便,易于了解掌握周边河湖环境和群众诉求;熟悉地区矛盾相关方,遇事解决更加和谐,与党政河长形成互补;参与社会公益行动,发挥榜样性带动作用。邀请外国友人担任河长,不光是让他们参与巡河、捡拾垃圾,更想借助他们的"外籍河长"身份,宣传环保理念,推介中国治水经验。

如今,越来越多的民间河湖长活跃在江苏治水一线。

《系统治水看江淮
　　——江苏水利2017—2022》
编写组

黄海田　吴卿凤　魏　来　唐实仁　吴　琼

程　瀛　楼　锋　洪　叶　张韩虹　王宏伟

徐丽娜　华智睿　邹安琪　朱一丹